Collection
Mille ans de Contes

DANS LA MÊME COLLECTION

Contes traditionnels des Pyrénées de Michel Cosem

Contes nouveaux des Pyrénées de Michel-Aimé Baudouy

Contes traditionnels de Bretagne d'Évelyne Brisou-Pellen

Contes traditionnels de Gascogne de Michel Cosem

Contes traditionnels d'Île-de-France de Bertrand Solet

Contes traditionnels de Provence de Claude Clément

Contes traditionnels d'Auvergne de Bertrand Solet

Contes traditionnels de Lorraine de Françoise Rachmuhl

Contes traditionnels du Languedoc de Michel Cosem

Contes traditionnels de Normandie de Bertrand Solet

Contes traditionnels de Catalogne de Michel Cosem

Contes traditionnels d'Alsace de Françoise Rachmuhl

Contes traditionnels des Flandres d'Anne-Marie Papierski-Brédy

Contes traditionnels du Pays basque de Michel Cosem

Contes traditionnels du Val de Loire de Bertrand Solet

Contes traditionnels de Corse de Jean Muzi

Contes traditionnels d'Aunis Saintonge de Françoise Rachmuhl

Contes traditionnels de Savoie de Jean Muzi

Contes traditionnels de Franche-Comté de Jacques Cassabois

Contes traditionnels du Berry de Bertrand Solet

Contes traditionnels de Vendée de Françoise Rachmuhl

Cécile Gagnon

Contes traditionnels
du Québec

Illustration de couverture :
Jean-Claude Pertuzé

Illustrations intérieures :
François Vincent

MILAN

« Dis, tu me racontes une histoire ? »

Le Québec est une terre de légendes. Déjà, au temps des découvreurs, militaires, colons et coureurs de bois font circuler bon nombre d'histoires. Au siècle dernier, en dehors des villes et des villages établis le long du grand fleuve, les forêts cachent de nombreux camps de bûche-rons et quelques abris de trappeurs. Quand l'hiver s'abat sur le pays, les gens se divertissent comme ils peuvent. Tandis que siffle le vent du nord et que gèlent les ruis-seaux et les lacs, partout, on se rassemble autour du conteur et du violoneux. On danse, on rit, on chante, et on raconte des histoires, dans les villages et les camps iso-lés, pour faire fuir l'ennui.

Le répertoire, des conteurs, varié et original, se consti-tue peu à peu, mélangeant les vieilles histoires venues de France et les légendes ancestrales des peuples amérin-diens. Des farces paysannes, des contes fantastiques, les monstres, les châteaux, les princesses, les chevauchées héroïques côtoient les fables et les mythes fondateurs des autochtones chargés de symboles et d'enseignements. Ainsi s'est forgée une tradition plurielle peuplée de ber-gères et de manitous, de valets et d'animaux parlants, qui ravit l'imaginaire et accompagne les rêveries des enfants du Québec et de leurs aînés.

Cécile Gagnon a rassemblé une vingtaine de ces contes. Chacun est précédé d'une courte introduction et d'une carte qui indique, à l'aide d'un petit carré noir, la région où se déroule l'action.

François Vincent a illustré ces récits, évoquant, à sa manière ce « pays de l'hiver », ses paysages et ses habitants.

Le Bossu
de l'île d'Orléans

*L'île d'Orléans a la réputation depuis fort
longtemps d'abriter des sorciers et des lutins.
La nuit, ceux-ci y font la fête, entraînant
dans la danse les promeneurs qui viennent
à passer par là. Pour François Gosselin cette
rencontre avec les lutins marquera sa destinée.*

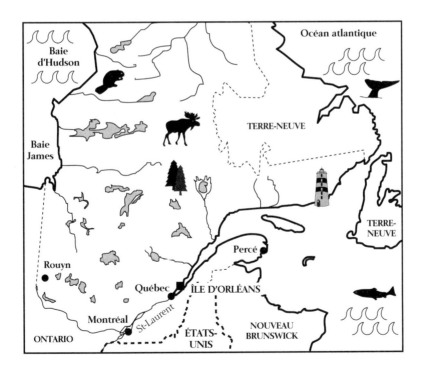

*I*l y avait à Saint-Jean-de-l'Île, un certain Gosselin. Il était bossu, outrageusement bossu mais un brave et beau garçon tout de même. Toujours de bonne humeur et prêt à rire. Avec ça, bon violoneux. Vous comprenez si on se l'arrachait pour les fêtes et les veillées d'hiver. Quand on savait que Gosselin était quelque part, tout le monde s'y rendait. Et quoique son crincrin[1] ne fût pas des meilleurs, il en jouait avec tant de mesure et d'entrain qu'il enlevait son monde.

On avait soin d'ailleurs, de temps en temps, de lui servir à boire, pour lui donner des forces et, ma foi ! il en usait ; car il faut bien l'avouer, s'il était bossu comme un chameau, il était loin d'avoir la sobriété de cet animal. Aussi, je vous laisse à penser dans quel état il se trouvait à la fin de ces soirées.

Ce soir-là, comme les autres, François avait bu à tire-larigot. L'heure s'avançait et il aurait bien voulu ne pas tarder

---

1. Crincrin : violon.

davantage à rentrer chez lui, car il y avait bien trois bons milles pour regagner le village.

Mais la compagnie était si aimable et le traitait si bien qu'il dut jouer encore quelques airs et ne s'en alla finalement que vers onze heures.

Étant bien lesté de nourriture et d'autre chose, tenant sous le bras son violon dans un étui, François partit vaillamment. Mais il avait trop présumé de son équilibre et de sa résistance. Il zigzaguait en marchant, ce qui ne raccourcissait pas la distance.

D'abord, l'air frais l'avait un peu ragaillardi, mais bientôt, il se sentit tellement fatigué qu'il en dormait tout debout.

– Diable, se dit-il, ça ne va pas. Reposons-nous un petit quart d'heure.

Il venait d'atteindre une éclaircie[1]. Les grands érables formaient comme une ceinture solennelle autour de la clairière. La lune brillait telle une reine au milieu de sa cour d'étoiles ; le fleuve coulait, à deux pas, son onde tranquille.

François ayant avisé le pied d'un rocher tapissé de mousse, il s'y étendit, ou plutôt il y tomba, dans l'intention d'y cueillir un bout de somme réparateur.

Et effectivement, les yeux à peine fermés, le royaume des songes lui fut ouvert.

Soudain il fut réveillé par un bruit étrange, comme si une troupe de soldats eût traversé le chemin auprès duquel il se trouvait.

– Oh ! se dit François, en se frottant les yeux, est-ce que le gouverneur de Québec aurait eu fantaisie de faire courir les bois de notre île par ses miliciens ?

11

---

1. Éclaircie : clairière.

Puis, ayant considéré la position des étoiles, il constata qu'il était minuit.

– Bigre ! s'écria-t-il, frissonnant et peu rassuré ; j'ai dormi plus longtemps que je ne croyais... Minuit ! L'heure des sorciers et des lutins... Je suis capable de me fourrer dans leurs pattes !

Et voilà qu'au clair de lune, il en aperçut une foule qui dansait joyeusement en ronde, en chantant, sauf qu'au refrain ils se laissaient choir sur leur petit derrière, pour ne se relever qu'au couplet suivant :

> *C'est notre terre d'Orléans*
> *Qu'est le pays des beaux enfants*
> *Tour-loure, dansons à l'entour*
> *Tour-loure, dansons à l'entour.*

12

Que faire ? François en prit bravement son parti et, remettant son violon sous le bras, se mit en frais de continuer son chemin.

Ah ! bien oui, à peine eut-il fait deux pas que les lutins l'aperçurent, coururent à lui et lui barrèrent la route.

– Bonne affaire, dit l'un d'eux ; nous allons pouvoir danser en musique... Hé ! l'homme, tire ton crincrin de son étui et accompagne-nous dans notre chanson... la sais-tu ?

François avait retrouvé toute son audace et avec elle sa bonne humeur.

– Si je la sais ? répondit-il, n'est-ce pas mon métier de les connaître toutes ?

– Eh bien ! alors, va. Tu joueras, tu chanteras, et même tu danseras, pour nous tenir compagnie.

– Avec plaisir, ça me réchauffera.

– Et si nous sommes contents de toi, je te promets que tu auras une récompense.

Complètement rassuré par la cordialité de l'accueil, de plus, émoustillé par l'appât de cette récompense, François, du geste, de la voix et de son instrument, guida la ronde des lutins. Il se trémoussait, faisait sauter sa bosse et, si parfois, dans son déhanchement, les notes n'étaient pas très justes, du moins gardait-il toujours la mesure. On aurait juré qu'il était le roi des lutins et qu'il tenait lui-même le sabbat.

Heureusement, le petit jour cligna de l'œil. Celui des lutins qui s'était adressé à François donna le signal de l'arrêt puis, se tournant vers le violoneux :

– Maintenant, mon ami, lui dit-il, que veux-tu pour ta récompense ? Fortune ou beauté ?

François réfléchit un moment. Il aurait pu demander de l'argent mais il était de goût modeste et gagnait bien sa vie. En revanche, il portait sur le dos quelque chose qui le gênait et l'empêchait de prendre femme à sa convenance. Sans doute, une jeune et jolie paysanne de Saint-Jean, Perrine, dont il rêvait, lui marquait beaucoup d'amitié ; mais quant à l'épouser, bernique !

– Ah ! François, lui disait-elle, quel dommage que tu ne sois pas droit !

La pensée de Perrine le décida :

– Voyez, répondit-il en touchant le haut de sa bosse ; si vous pouviez m'enlever ce paquet, ma foi ! j'en serais bien heureux.

– Nous le pouvons. Adieu, regagne ta maison.

– Ah ! merci, merci à vous, monsieur le lutin... vous êtes bien honnête.

Il en eût dit plus long mais tous les lutins étaient déjà partis, évanouis comme fumée par grand vent. Et à l'horizon le soleil montait en maître.

Bouche close, mais non moins radieux, François fila chez lui d'un pas alerte. Arrivé devant sa porte, il allait l'ouvrir quand, devant la sienne, surgit le menuisier Louis Bigras, son voisin, qui venait humer l'air du matin, avant de se mettre au travail.

– Hé là ! François, s'écria le menuisier, au comble de la surprise, qu'as-tu fait de ta bosse ?

– Pas possible.... Je ne l'ai plus ?

– Dame ! tu n'as qu'à tâter la place.

– C'est que c'est vrai tout de même !

Et François, qui, de la gauche, puis de la droite regardant par-dessus ses épaules, avait dûment constaté la disparition de sa gibbosité, se mit, dans un transport d'allégresse, à sauter comme un poulain, en songeant à Perrine, dont les yeux bleu-gris comme la fleur de lin devaient dorénavant le trouver moins revêche.

– Oh ! oh ! reprit Bigras, lui jetant un regard oblique, ça n'est pas naturel. Te voilà droit comme un grand mât. Pour qu'il t'ait ainsi raboté, n'aurais-tu pas vendu ton âme au diable ?

– Paix, voisin ! se récria le violoneux, en se redressant de toute sa taille, maintenant qu'il le pouvait, mon âme est chrétienne et m'appartient comme la tienne. Je n'ai point eu commerce avec Satan et j'aimerais mieux conserver ma bosse toute ma vie que de lui devoir sa disparition, à ce prix-là surtout.

– Mais alors, qui t'en a débarrassé ?

– Qui ?... les lutins.

15

– Les lutins ? Qu'est-ce que tu me chantes-là ?

– Écoute ! Je les ai rencontrés, cette nuit, en revenant de la fête chez les Bergeron. Je les ai fait danser jusqu'à l'aube, avec mon violon. Ils m'ont alors donné, pour mon salaire, à choisir entre la fortune et la beauté et j'ai choisi la dernière. Si j'avais voulu, tu le vois, il n'aurait tenu qu'à moi d'être riche.

– Imbécile ! murmura le menuisier. Comme si, avec la fortune, on ne pouvait point se passer du reste !

Néanmoins, il félicita François et, au lieu d'aller en jaser avec les compères du village, il s'empressa de rentrer dans sa maison. Il avait son idée.

Comme le temps restait favorable et que la lune épanouie brillait, le soir même, Bigras, sans tergiverser, se rendit au bord du fleuve, à l'endroit indiqué par François. À défaut de violon, il avait emporté son flageolet[1], dont il jouait parfois pour son propre agrément.

Il se trouvait à l'endroit, sur le coup de minuit, se demandant si les lutins allaient revenir quand soudain ils surgirent devant lui, l'entourèrent en riant et en babillant de leur voix métallique.

La même question qu'à François lui fut alors posée. Il y répondit pareillement. Et, sans perdre une minute, il se mit, sur leurs instances, à faire danser les lutins, jouant, dansant lui-même et chantant avec eux leur chanson préférée.

Ce ne fut pas sans fatigue – car il était beaucoup plus vieux que François – qu'il put tenir son rôle jusqu'au bout, mais la certitude d'une récompense magnifique lui en donna la force.

16

---

1. Flageolet : flûte.

Lorsque, enfin, l'approche du jour fit pâlir l'éclat de la lune, l'un des lutins lui demanda ce qu'il voulait : fortune ou beauté.

– Donnez-moi donc, mes bons messieurs, ce dont François n'a pas voulu.

– Tu l'as, grand bien te fasse ! Adieu.

Il croyait recevoir la fortune et ce fut la bosse qu'il eut.

Aussi jugez de sa déception quand, arrivant chez lui et apercevant François, celui-ci l'interpella d'un air narquois.

– Y tenais-tu donc autant que ça, à ma bosse, lui demanda-t-il, que tu es allé la redemander aux lutins ?

Bigras se tâta et se convainquit qu'il était bel et bien bossu.

Tremblant de colère, le menuisier retourna tout de suite dans le bois, résolu à une explication avec le lutin mal avisé qui l'avait ainsi bâté[1].

Il attendit la nuit et, sur le coup de minuit, comme les lutins reparaissaient, notre homme se jeta sur celui qui semblait être le chef de la bande.

– Gredin ! vociféra-t-il, que m'as-tu planté là sur le dos ?

– Ce que toi-même as demandé. Ne m'as-tu pas dit de te donner ce que François n'avait pas voulu ? Tu es servi, garde ton lot.

Bigras veut protester mais au même moment la troupe des lutins l'entoure en chantant, riant et dansant.

Fou de rage, le menuisier brandit son flageolet pour frapper autour de lui. Mais son bras demeure en l'air, figé, sa voix s'étrangle dans sa gorge, il sent ses pieds prendre racine,

17

---

1. Bâté : chargé, harnaché.

sa peau se durcit et se fendille comme l'écorce des arbres, ses bras s'allongent en forme de branches.

Bigras ne revint jamais à son atelier. Seulement, quelques jours après, François, le violoneux, tout ragaillardi et droit comme un jeune érable, se rendait à la rivière Maheux où il devait y avoir une fête. Or, en plein milieu du chemin, il fut tout à coup arrêté par un arbre qui semblait avoir poussé là, mais qui était tout racorni, bossu et complètement sec. Au bout d'une branche pendait encore le flageolet du menuisier Bigras.

Et c'est ainsi qu'à partir de ce jour, l'endroit fut désormais connu sous le nom de l'Arbre Sec.

18

Le Plus Beau Rêve

À l'automne, dans les forêts du Québec, on chassait
− et on chasse encore − des lièvres, des cerfs,
des ours, des renards, des orignaux[1], car le gibier
abonde. Mais quand trois chasseurs n'abattent
qu'une seule perdrix, le tableau de chasse est plutôt
pauvre. Comment pourront-ils partager leur prise ?

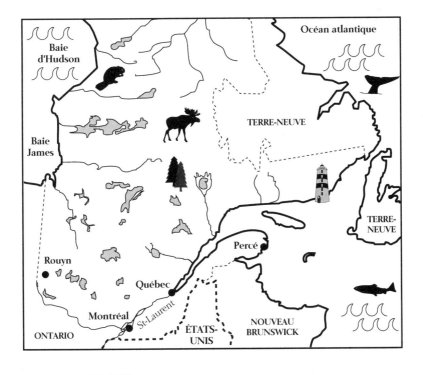

---

1. Orignal : c'est le nom que l'on donne à l'élan en Amérique du Nord.

*I*l arriva, un automne où les arbres avaient revêtu leurs plus belles couleurs, que trois bourgeois partirent pour la chasse accompagnés d'un cuisinier. Celui-ci, chargé de veiller à apprêter le gibier qu'ils allaient abattre, les suivait discrètement, emportant sur son dos ses chaudrons, ustensiles et couverts.

Toute la journée, les chasseurs circulèrent par des sentiers mal tracés, grimpèrent des collines, s'enfoncèrent dans des taillis de ronces. Mais à la fin du jour, épuisés et affamés, ils n'avaient à eux trois tué qu'une seule perdrix. Ils avaient bien vu détaler quelques lièvres, fuir un magnifique cerf et voler au-dessus de leurs têtes de beaux canards mais la malchance était avec eux. Ils étaient, vous pouvez l'imaginer, de fort mauvaise humeur ; et le cuisinier, inoccupé.

Alors, ils dirent :

– Gardons la perdrix pour demain. Celui qui aura fait le plus beau rêve la mangera.

Ils montèrent une tente et, le ventre creux, s'installèrent pour la nuit en bougonnant.

Éveillés à l'aube, le premier chasseur dit au deuxième :

– Quel rêve as-tu fait ?

– J'ai rêvé que j'épousais la plus belle princesse du monde. Elle avait des joues de pêche, une chevelure éblouissante, des yeux brillants comme des diamants et un sourire à chavirer les cœurs.

– Ah ! quel beau rêve tu as fait ! Moi, j'ai rêvé que j'étais le roi d'un pays où il n'y avait pas de pauvres, où tout le monde s'entendait bien sans jamais se chicaner. La haine n'existait pas, on ne vivait que d'amour et de gentillesse.

– Ah ! vraiment, c'est un rêve épatant, dit le premier chasseur.

21

Les deux premiers demandèrent alors au troisième s'il avait rêvé. Celui-ci s'empressa de répondre :

– Moi, j'ai rêvé que j'étais au ciel où j'ai vu Dieu dans toute sa gloire, entouré des saints et de milliers d'anges volant autour de son trône, plus magnifiques les uns que les autres.

– Ah ! quel beau rêve ! dirent les autres. C'est toi qui as fait le plus beau ! C'est donc toi qui mangeras la perdrix ce matin.

Mais le cuisinier, qui fricotait dans ses chaudrons où cuisaient des patates, leur dit tout à coup :

– Moi aussi, j'ai fait un rêve, un beau rêve. J'ai rêvé que je mangeais la perdrix. Elle était préparée merveilleusement, avec des oignons et du chou et elle était succulente.

– Tiens donc ! firent les chasseurs. Curieux rêve.

– Et il doit être vrai, ajouta le cuisinier, puisque ce matin, je n'arrive pas à mettre la main sur la perdrix. Je n'en ai retrouvé que le bec et les pattes.

L'histoire ne dit pas comment se termina cette partie de chasse mais je crois bien que le cuisinier a dû quitter bien vite le bois en courant, les chasseurs à ses trousses. Il doit courir encore.

Le Premier des Tamias rayés

Le tamia rayé est un animal propre à l'Amérique du Nord. De la même famille que l'écureuil, il porte de magnifiques rayures de chaque côté du corps. Selon diverses tribus amérindiennes, ces rayures lui sont venues d'une bien curieuse façon.

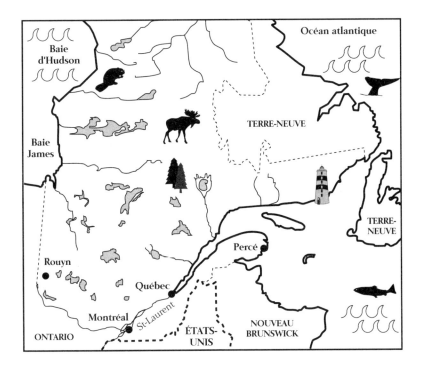

*I*l y a très longtemps, au temps où le monde était encore jeune, un petit écureuil roux devint l'ami d'un jeune garçon.

À cette époque, les gens apprenaient à utiliser des arcs et des flèches et les animaux se méfiaient d'eux. Cette situation rendait Manitou, le Grand Esprit des forêts du nord, très triste. Mais il se réjouit en voyant l'écureuil et le jeune garçon ensemble.

Leur histoire débuta pendant un hiver particulièrement glacial, un hiver où le vent et le froid ne laissaient aucun répit.

L'écureuil avait épuisé ses provisions de graines et de noix qu'il avait enfouies dans le trou du vieux bouleau. Mais il avait beau fouiller partout, il ne trouvait plus rien à manger. Alors, il commença à souffrir de la faim.

Le jeune garçon, qui avait remarqué l'écureuil, lui lança un gland. L'écureuil prit peur et se sauva. Puis, voyant que le garçon ne semblait pas hostile, il s'approcha. Le garçon lui lança un autre gland. L'écureuil vint plus près.

Ils devinrent amis. Ils se promenaient et, ensemble, ils mangeaient des glands et des grains de maïs. Quand arriva le printemps, ils s'amusèrent encore.

Un jour d'été, le garçon ne sortit pas du wigwam[1]. L'écureuil l'attendit longtemps puis il s'approcha de l'ouverture. Il vit le garçon couché sur sa couverture. L'écureuil le traita de paresseux et lui demanda de venir le rejoindre.

– Je ne peux pas venir ; je ne peux pas jouer aujourd'hui, répondit le jeune garçon.

L'écureuil ne comprenait pas les paroles du garçon mais il sentait qu'il se passait quelque chose de grave. Il était si inquiet qu'il fila vers les buissons et rapporta à son ami une belle framboise rouge et mûre. Le garçon tendit sa main pour la prendre mais son bras retomba, inerte. Il était malade. Son père et sa mère étaient malades aussi.

Pendant trois jours, l'écureuil apporta des baies à la famille mais ils ne guérissaient pas.

La maladie du garçon rendait l'écureuil triste. Il courut dans tous les wigwams du village demandant de l'aide mais la maladie s'était propagée dans toute la tribu.

« Il ne me reste qu'une seule chose à faire, pensa l'écureuil, et c'est de demander de l'aide aux animaux. » Il fit une prière au Manitou et s'élança à la recherche du porc-épic.

Le porc-épic se tenait sur une branche de saule au bord de son étang préféré. Il tentait d'attraper une racine de nénuphar pour son repas.

– Porc-épic, lança l'écureuil. J'ai quelque chose à te demander.

25

---

1. Wigwam : habitat traditionnel de certains Amérindiens.

Le porc-épic trop occupé à tenter d'attraper la racine n'avait pas envie d'être interrompu. Il ne répondit pas.

– Porc-épic ! répéta l'écureuil d'une voix forte. C'est moi, ton ami, Écureuil. Veux-tu réclamer un conseil des animaux ?

– Pourquoi ? demanda Porc-épic.

– Pour une raison majeure. Mais, tu sais, comme je suis petit, personne ne viendra si c'est moi qui convoque. C'est la première fois que je te demande une faveur.

Porc-épic resta muet tandis qu'il réfléchissait. Puis il dit :

– D'accord. Ce sera sur la colline au bord du lac au coucher du soleil. Va faire l'annonce à tous.

L'écureuil remercia le porc-épic et s'enfuit à toute allure à travers la forêt. Il trouva le castor en train de réparer son barrage dans le ruisseau.

– Assemblée ce soir, lança-t-il sans même s'arrêter. Sur la colline au coucher du soleil. Porc-Épic convoque. Venez tous.

– Trop d'assemblées, rugit le castor. C'est à quel sujet ?

– Il faut venir, c'est important, renchérit l'écureuil.

– Bon, j'irai, grommela le castor. Trop de réunions.

La marmotte accepta d'assister à l'assemblée et le rat musqué proposa de venir en compagnie de la loutre.

Le renard faisait la sieste. Il accepta de venir car le renard ne veut jamais rien manquer.

L'écureuil parcourut tout le bois en criant :

– Assemblée ce soir ! Assemblée ce soir !

Il évita le serpent et convoqua de loin la belette et la moufette, qui chassaient les sauterelles au bord d'une prairie.

Puis, l'écureuil fonça dans le sous-bois pour parler aux lapins ; il descendit dans les terriers des taupes. Il fila vers la chute où le raton-laveur pêchait. Il grimpa jusqu'en haut d'un

mélèze qui couronnait une falaise pour atteindre l'orignal[1] qui clapotait dans son marais. Il courut partout et trouva tout le monde sauf l'ours.

L'écureuil savait que l'ours avait mauvais caractère et il n'avait pas tellement envie d'aller à sa recherche. Quand le soleil se mit à décliner, l'écureuil rencontra Porc-épic au sommet de la colline et, ensemble, ils regardèrent les animaux s'acheminer vers le lieu de l'assemblée. Ils se bousculaient en riant et enfin, ils prirent place en formant un cercle.

Porc-épic s'avança au milieu du cercle et les animaux se turent. Mais avant que Porc-épic pût prononcer une seule parole, on entendit un grand branle-bas dans les pins au pied de la colline. L'ours fit son apparition. Les animaux, retenant leur souffle, le virent grimper la pente et prendre place au milieu d'eux.

27

Porc-épic regarda l'assemblée. Il regarda l'ours et dit :

– Cette réunion a été commandée par l'écureuil. Je lui laisse la parole.

Et il retourna à sa place dans le cercle.

L'écureuil se tint debout au centre du cercle. Il savait bien que les animaux détestaient les hommes et il savait aussi que cette réunion était sa seule responsabilité. L'ours allait-il se mettre en colère ?

Le souvenir du garçon malade lui revint en mémoire. D'une voix claire et franche, il dit :

– Les hommes sont malades, dit-il. Il faut les aider.

Au travers des cris de protestation, retentit le grognement furieux de l'ours.

– Que voulez-vous dire par « aider les hommes ? » fit-il.

---

1. Orignal : c'est le nom que l'on donne à l'élan en Amérique du Nord.

Tremblant de peur, l'écureuil n'osait pas répondre. Puis il se ressaisit :

— L'hiver passé, je n'avais plus un seul grain à manger et un garçon m'a sauvé la vie. Il m'a donné des glands et des grains de maïs. Aujourd'hui, il est malade et il a besoin d'aide.

L'ours se leva et se rapprocha de l'écureuil. Les autres firent de même et le cercle se rétrécit.

— Comment oses-tu demander de l'aide pour ces chasseurs ? grogna l'ours.

— Ce garçon est mon ami, balbutia l'écureuil. Il peut mourir...

Il ne termina pas ses paroles car l'ours s'avança vers lui avec tous les animaux à sa suite. Il saisit l'écureuil dans ses énormes pattes et serra fort.

L'écureuil affolé mordit sa grosse patte.

L'ours, surpris, lâcha prise et l'écureuil s'enfuit à toute vitesse. L'ours réussit à enfoncer ses griffes dans son dos mais l'écureuil fila. Il courut plus vite que le vent à travers la forêt pour échapper à l'ours et à ceux qui couraient derrière.

L'ours le suivait mais il était maladroit et trébuchait souvent. L'écureuil se faufila sous un bosquet. Il resta caché de longues heures, fou de douleur et d'effroi. Puis, les animaux cessèrent de le chercher. Il pensa que la seule place où il serait en sécurité était le wigwam du petit malade. Il y courut et s'y blottit toute la nuit et le jour suivant.

Le soir, l'écureuil se glissa hors de l'habitation où reposaient les malades. Il croyait bien qu'ils allaient mourir, comme lui d'ailleurs, tant ses blessures au dos lui faisaient mal. Il s'assit dans une clairière sous la lune et entendit soudain la voix du Manitou :

– Tu as été fidèle en amitié, Écureuil. Parle aux hommes : ils vont t'écouter. Voici comment ils doivent se soigner. Dis-leur de faire bouillir ensemble de la gomme de sapin, d'épinette et de pruche[1] avec des morceaux d'écorce d'orme. Chacun doit boire cette boisson. Et ils seront guéris.

Écureuil transmit cette directive à la mère du garçon. Elle se leva malgré son état et alla récolter les ingrédients nommés par Manitou. Elle fit bouillir sa marmite et prépara la boisson. Quand elle fut prête, Écureuil se mit en frais d'en apporter à tous les membres du village. Au bout d'une semaine, tous les hommes, les femmes et les enfants étaient sur pied.

Les blessures d'Écureuil cicatrisèrent lentement, laissant sur sa peau cinq traces noires. Écureuil en était très fier. Manitou se fit entendre encore une fois pour dire :

– Ces cinq rayures sont des marques de courage pour ceux de ta race. Dorénavant tes enfants, et les enfants de tes enfants porteront ces rayures. Tu n'es plus un écureuil maintenant. Tu es un tamia. Va en paix !

Et depuis ce jour, les hommes se rappellent comment, grâce à son courage, le premier tamia reçut ses rayures.

30

1. Pruche : *Tsuga canadensis*, conifère abondant au Québec.

La Dame blanche de Montmorency

Ce récit est adapté d'une légende orale qui circule encore sur la côte de Beaupré. La bataille à laquelle on fait référence est celle de Montmorency, qui précéda de quelques mois celle dite des « Plaines d'Abraham » (1759) où les Anglais conquirent, après tant d'efforts, la Nouvelle-France.

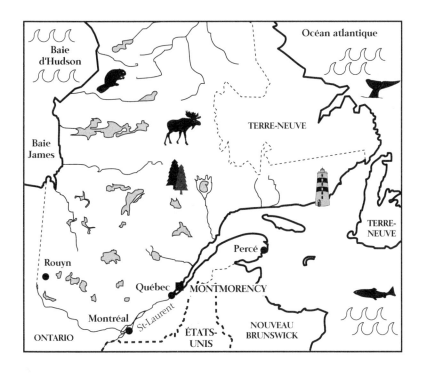

Mathilde Robin courait sur le chemin. Dans les fermes de Beauport on la regardait passer en souriant : on savait bien qu'elle allait rejoindre Louis Tessier, un jeune et vaillant travailleur de la terre à qui elle était promise. À la fin de l'été, quand les récoltes seraient terminées, ils s'uniraient pour toujours.

Main dans la main, Mathilde et Louis marchaient au bord de la rivière Montmorency dont ils connaissaient tous les méandres. Après les durs travaux du jour, ils se rendaient parfois jusqu'en haut du grand sault, là où on voit toute l'île d'Orléans qui ressemble à un gros poisson couché au milieu du fleuve.

Ils faisaient mille projets et leur cœur débordait d'amour. Mathilde énumérait les trésors que contenait son coffre : les draps de lin tissés avec soin, les couvertures et le linge qu'un brin de romarin parfumait. Mais elle refusait de décrire la robe blanche qu'elle avait cousue pour le grand jour. Louis ne

la verrait que le matin des noces ! Ah ! qu'elle avait hâte ! Pourquoi les heures s'écoulaient-elles si lentement ?

Mathilde s'exerçait à la patience. Elle observait l'eau qui filait vers le fleuve en songeant que le temps aussi filait comme l'eau et que le jour de leur mariage allait finir par arriver.

Et voici qu'un matin de juillet, dans toutes les paroisses de la côte, les curés avaient réuni les familles et lancé :

– Partez ! Emmenez bêtes et provisions ! Terrez-vous au fond des bois ! Les Anglais sont là !

Les femmes avaient suivi les ordres et elles avaient conduit les enfants et les bêtes à l'abri. Les maisons et les granges restaient toutes désertes. Seuls demeuraient sur les bords du fleuve Saint-Laurent les hommes, jeunes et vieux, qui s'étaient engagés dans les milices pour défendre leurs biens jusqu'au dernier souffle.

33

Depuis plus d'un mois, la flotte anglaise sillonnait le fleuve. Chaque jour, de la pointe de l'île ou du haut des falaises, des messagers annonçaient l'arrivée d'une nouvelle frégate ennemie pleine de soldats. Partout sur l'eau on pouvait voir des bateaux immobiles aux canons pointés vers la côte. Toute la colonie était sur le qui-vive. Quand allait-on se battre ? Et où ?

Les soldats étaient à l'affût dans les deux redoutes sur la falaise. On avait établi des postes de garde aux trois gués sur la rivière Montmorency, où des troupes d'hommes armés assuraient la défense. Non, les Anglais venant de l'ouest ne franchiraient pas la rivière !

Mathilde Robin aurait bien voulu camper avec les miliciens. Elle aurait tout accepté pour être auprès de Louis ! Mais la guerre est l'affaire des hommes, elle le savait.

Réfugiée dans les bois avec sa famille, elle languissait. À chaque fois qu'arrivait un nouveau venu parmi les tentes, son jeune frère Guillaume qui agissait comme sentinelle courait la prévenir. Elle se précipitait pour écouter ce qu'il avait à raconter et à chacun d'eux elle posait toujours la même question :

– Avez-vous vu Louis Tessier ? Sa compagnie est-elle sur les battures[1] ? Sur la falaise près du sault ?

Parfois le messager, compatissant, avait quelques mots gentils pour elle. Souvent, si c'était un compagnon de Louis, il la rassurait.

– Louis garde le gué d'en haut sur la rivière. Ne vous en faites donc pas...

Il faisait une chaleur accablante. On attendait la pluie qui ne venait pas. Cinq, six fois par jour, il fallait aller puiser de l'eau à la rivière ; Mathilde surveillait les bêtes et aidait à préparer des repas frugaux. Elle sentait qu'elle ne pouvait plus vivre sans voir Louis.

Chaque jour son désir d'être près de celui qu'elle aimait augmentait. Elle aurait voulu plonger son regard dans le sien, sentir son haleine sur sa joue. Mais elle savait aussi qu'une attaque des Anglais était imminente. La peur et l'angoisse augmentaient sa détresse. Louis lui avait dit :

– Québec ne tombera pas. Le gouverneur a fait venir des troupes de Trois-Rivières. On va se battre. Les Anglais n'auront jamais la Nouvelle-France !

---

1. Battures : estran, partie du rivage asséché à marée basse.

Mathilde n'en pouvait plus d'attendre !

Un matin encore plus torride que les autres, tout le campement fut en émoi. Une rumeur était venue, on ne sait trop comment et Guillaume cria :

– Deux navires anglais sont échoués sur la batture près de la chute !

Mathilde se joignit aux femmes en toute hâte. Les premiers coups de canon tonnèrent. Ils ne cessèrent plus de tout le jour. Seuls les bruits des armes et l'odeur du feu arrivaient jusqu'au campement. La chaleur accablante augmentait l'inconfort des familles. Soudain, on entendit rouler l'orage dans le ciel. Des nuages noirs éclatèrent enfin et une pluie torrentielle s'abattit sur le bois, couvrant de son fracas tous les bruits de la guerre qui se déroulait plus bas, près du grand sault.

Puis, dans l'après-midi, un milicien arriva avec quelques Indiens et un blessé qu'il confia aux femmes.

– Les Habits rouges ont attaqué les redoutes, dit-il, hors d'haleine, et ils ont tenté de gravir les falaises et de franchir les gués. Mais nos troupes les attendaient derrière les fascines et elles ont empêché leur avance.

La pluie continuait. Les soldats anglais qui tentaient de gravir les escarpements se mirent à glisser dans la boue et sur les rochers. Et, voyant que la marée allait les retenir prisonniers sur la batture, ils firent marche arrière dans les cris et la confusion, laissant derrière eux de nombreux morts.

Les Anglais étaient vaincus.

La bataille de Montmorency se terminait par une brillante victoire des Français.

Dans le bois, tout le monde attendait des nouvelles. Quelques soldats et miliciens essoufflés et trempés vinrent rassurer leurs parents.

35

– Nous les avons vaincus ! Ils sont repartis sur leurs bateaux !

Une victoire ! Ces quelques mots semèrent l'espoir dans les cœurs. Tout le monde se mit à se féliciter et à manifester sa joie en s'embrassant.

– Les Anglais vont partir, la guerre va s'arrêter ! On va retourner sur nos terres pour faucher l'orge et le blé ! lança une voisine.

Des coups de feu retentissaient encore au loin. La guerre se poursuivait-elle donc malgré la victoire ?

Mathilde eut beau attendre et attendre encore, Louis ne vint pas au campement dans le bois.

Alors, n'y tenant plus, elle quitta les autres sous la pluie et se dirigea en hâte vers la rivière.

Elle se mit à courir sur les rochers sans se soucier des ronces qui déchiraient son mantelet et son jupon de droguet[1]. Bientôt elle arriva au premier gué.

Louis Tessier ? Non, il n'était pas là. À l'autre gué, peut-être.

Mathilde, haletante, continua son chemin. Au deuxième gué, elle trouva une troupe réduite qui festoyait autour d'un feu.

– On a repoussé les Anglais ! criaient les miliciens. Viens fêter avec nous. Dansons !

– Je cherche quelqu'un, rétorqua Mathilde. Avez-vous vu Louis Tessier ?

On n'avait pas vu Louis. Mathilde repartit, escaladant les rochers, le cœur en bataille. Au troisième gué, elle le trouve-

_____

1. Droguet : étoffe de laine.

rait. Mais là aussi, elle fut déçue. Il n'était pas au troisième gué. « Il a peut-être tenté d'aller à la ferme », se dit-elle.

Elle se précipita sur le sentier qui menait aux habitations. Et cette fois encore, elle ne trouva personne. Mais elle fut saisie de crainte en voyant flamber autour d'elle des granges et des maisons. Elle comprit que les Anglais avaient incendié les fermes et les granges, qui brûlaient sans témoins ni sauveteurs.

Elle courut à perdre haleine vers sa maison encore intacte. Elle ouvrit la porte et appela :

– Louis !

Seul le silence lui répondit. Mathilde réussit à se guider dans la noirceur. À tâtons, elle ouvrit l'armoire et repéra sa robe blanche. Elle la saisit et la serra contre elle. Puis elle se dépêcha de ressortir. Les battements de son cœur résonnaient dans ses oreilles tandis qu'elle courait vers l'abri de la forêt.

Pendant de longues heures elle marcha, fouilla chaque buisson, s'écorchant les bras et le visage aux branches. Parfois elle trébuchait avec dégoût sur les corps de soldats anglais mais, obstinément, elle poursuivait sa quête en répétant le nom de l'aimé. Elle arriva enfin en amont de la grande chute ; elle vit des gens et entendit des appels.

– Mathilde ! Oh ! Mathilde !

Folle d'espoir elle alla vers les voix qui montaient dans la nuit. En la voyant, les miliciens s'écartèrent et firent silence. Il était là, son Louis : il reposait sur la rive dans ses habits familiers.

Mathilde l'appela doucement, attendant qu'il se lève et qu'il accoure vers elle. Mais Louis restait couché et ne donnait

37

aucun signe de vie. Ses compagnons semblaient figés. Ils baissaient les yeux sans dire un mot. Alors, elle comprit qu'elle arrivait trop tard. Elle se jeta sur son corps en hurlant sa douleur.

Des hommes tentèrent de l'apaiser, de lui expliquer comment Louis avait sans doute été blessé et comment il s'était traîné pour boire à la rivière avant de mourir. Mais Mathilde, déchirée de sanglots, n'entendait rien. Alors, les miliciens la laissèrent seule avec Louis, son amour enfin retrouvé.

Au bout d'un moment, elle sécha ses larmes. Son cœur, tout fondant d'amour, se durcit. Sans qu'on puisse la retenir, elle s'enfuit dans la première lumière de l'aube au moment même où glissaient sur le fleuve les bateaux anglais chargés de leurs blessés et de leurs morts.

Mathilde se mit à marcher comme une somnambule. Guidée par le bruit grandissant de l'eau qui se précipitait vers le fleuve, elle arriva juste en haut, au bord du rocher. C'était là où tant de fois elle s'était tenue avec Louis, là où toute la rivière, d'un geste majestueux, bascule dans le vide. Mathilde enfila sa robe blanche et sans hésiter un seul instant, elle ouvrit tout grand les bras et se laissa glisser dans la chute.

On ne la revit plus jamais.

Dans les mois qui suivirent, la colonie connut des heures plus sombres encore car les Habits rouges revinrent et, cette fois, ils gagnèrent. Mais les habitants de la côte de Beauport ne manquaient pas de courage. Les familles réintégrèrent leurs fermes et rebâtirent en tentant d'oublier que le pays avait changé de roi.

Encore aujourd'hui, pendant les belles soirées d'automne, juste à la fin du jour, les gens de l'île d'Orléans racon-

tent qu'ils peuvent voir distinctement une jeune femme toute vêtue de blanc errer au pied du grand sault de Montmorency.

C'est le fantôme de Mathilde Robin qui, les soirs de lune, semble chercher encore dans les bouillons de la chute le corps de son bien-aimé. Et le vent apporte parfois sa plainte jusqu'à Saint-Pierre ou Sainte-Pétronille. Alors, les gens s'arrêtent et disent :

— La voilà. C'est Mathilde Robin, la dame blanche.

39

Bâton tape

*Qui n'a pas rêvé d'une poule qui pond de l'or ?
Mais un bâton qui tape tout seul sur les voleurs,
ce n'est pas mal non plus. C'est justement ce que
Ti-Jean découvrira dans ce conte où, encore
une fois, il triomphe de la malhonnêteté.*

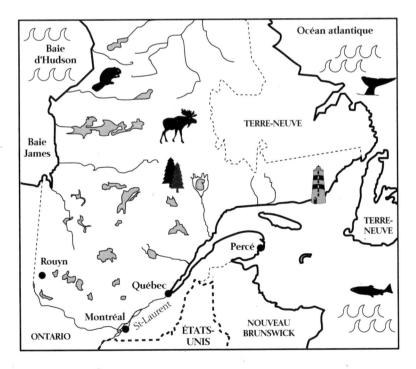

*I*l était une fois une famille pauvre qui comptait trois fils : Pierre, Jacques et Jean. Il arrivait même, certains jours, qu'il n'y ait plus rien à manger. Un jour, Pierre, l'aîné, dit :

– Je vais aller chercher du travail ; je reviendrai quand je serai riche.

Et le voilà parti sur la grande route et marche, marche. Un soir, n'ayant plus qu'un croûton de pain à se mettre sous la dent, il rencontre une vieille qui lui demande :

– Voulez-vous m'indiquer le chemin pour aller à Châteauguay ?

Pierre la renseigne puis elle dit :

– Avez-vous quelque chose à donner à une vieille pauvresse ?

Pierre lui donne son croûton de pain. La vieille l'accepte et lui dit :

– Je suis une fée. Pour te remercier de ta gentillesse, voici une nappe blanche. Tu n'auras qu'à dire : « Nappe, mets la

table ! » et aussitôt des mets de toutes sortes s'y déposeront tout seuls.

– Oh ! merci ! merci ! fait Pierre s'empressant de reprendre la route en direction de chez ses parents.

Il marche, marche d'un bon pas mais la nuit arrive et il est fatigué alors, il s'arrête dans une auberge. Avant de dormir, comme il a faim, il sort sa nappe et commande :

– Nappe, mets la table !

Aussitôt la nappe se déplie sous ses yeux et se couvre de mets succulents et de fruits appétissants. Mais l'aubergiste a vu le manège et pendant la nuit, il lui vole sa nappe qu'il remplace par une autre presque identique.

Le lendemain matin, Pierre quitte l'auberge et file vers sa maison.

– Voyez, s'empresse-t-il de dire à ses parents, je rapporte une nappe merveilleuse qui se couvre de mets et de fruits délicieux. Vous allez voir !

Il sort sa nappe blanche de son sac et lance :

– Nappe, mets la table !

Mais la nappe reste pliée et rien n'apparaît. Alors Pierre la saisit, la déplie, l'examine et constate que ce n'est pas la sienne.

– Ça doit être l'aubergiste qui me l'a volée ! s'écrie-t-il tout penaud.

Alors, l'un de ses frères, Jacques, annonce tout à coup :

– Moi aussi, je pars chercher du travail. Et je retrouverai bien la nappe de Pierre.

Le voilà sur le chemin à son tour. Marche, marche. Il arrive un bon matin au bord d'une rivière sans beaucoup d'eau où est assise une vieille femme toute courbée par l'âge. Le voyant approcher elle l'interpelle :

43

– Voulez-vous m'aider à traverser la rivière ?

Jacques l'aide à traverser sans hésiter. Lorsqu'ils sont arrivés sur l'autre rive, la vieille lui dit :

– Je suis une fée. Pour vous récompenser de m'avoir secourue je vous donne cette poule.

Et elle sort une poule de sous son manteau, ajoutant :

– Vous n'avez qu'à dire : « Poule, ponds-moi de l'or ! » et elle pondra de l'or.

Enchanté, Jacques remercie la vieille et s'empresse de rentrer chez ses parents. Il marche longtemps et finit par s'arrêter pour dormir à la même auberge où son frère Pierre avait fait halte. Il monte à sa chambre et dit à sa poule :

– Poule, ponds-moi de l'or !

Et la poule pond trois œufs d'or. Pour payer sa dépense, il en donne un à l'aubergiste qui a des doutes sur sa provenance. Durant la nuit, il va dans la chambre où dort son client, voit la poule et la vole. Il la remplace par une autre poule en tout point semblable.

Le lendemain Jacques arrive à la maison tout joyeux en disant :

– Voyez ma jolie poule ; elle pond de l'or ! regardez bien !

Il pose sa poule sur la table et dit :

– Poule, ponds-moi de l'or !

Mais tout ce que fait la poule c'est branler la tête et chanter : *caque-caque-canette.*

Jacques est bien peiné. Il s'écrie :

– Ah ! ce sera le vilain aubergiste qui m'a volé ma poule.

Alors, Jean, le plus jeune des trois frères, dit :

– C'est à mon tour de tenter ma chance. Je pars chercher fortune.

Comme ses frères avant lui, il marche, marche sur le chemin. Puis, à la tombée du jour voilà qu'il arrive à l'orée d'un grand bois où se tient une vieille femme qui lui dit :

– Mon cher petit, voulez-vous m'aider à traverser ce bois. Il fait bien noir et j'ai peur des voleurs.

– Volontiers, dit Jean.

Et il prend la main de la vieille et la conduit de l'autre côté du bois. Arrivés là, la vieille se redresse et déclare :

– Je suis une fée. Pour te récompenser de ta gentillesse, je te fais cadeau de ce bâton. Tu n'auras qu'à dire : « Bâton, tape ! » et aussitôt il se mettra à taper sur qui tu voudras.

Jean est enchanté. Il remercie la fée et se dirige bien vite vers la maison où l'attendent ses frères et ses parents. Mais le soir descend et Jean est bien fatigué. Il s'arrête dormir à l'auberge, la même où ses frères ont fait halte. Après une bonne nuit de repos, il demande à l'aubergiste :

– C'est vous qui avez volé la nappe de mon frère, la nappe qui met la table ?

– Jamais de la vie ! réplique l'aubergiste. Je n'ai rien volé du tout !

– Vous allez me rendre la nappe ou je vous fais cogner par mon bâton, dit Jean.

– Je n'ai rien à vous rendre, proteste le bonhomme.

– Soit ! fait Jean. Alors, bâton tape !

Aussitôt le bâton s'abat sur les épaules de l'aubergiste. Bang. Bing. Pan. Pan.

L'aubergiste se sauve en criant et en se lamentant.

– Arrêtez ! Arrêtez votre bâton ! hurle-t-il.

– Pas tant que vous ne m'aurez rendu la nappe de mon frère, répond Jean.

Le corps meurtri, l'aubergiste sort enfin la nappe blanche du buffet et la donne à Jean qui arrête son bâton. Puis, Jean s'en va sur le chemin. Mais, le soir même, le voici de retour demandant asile pour la nuit. Et le lendemain matin, il dit à l'aubergiste :

– Maintenant, rendez-moi la poule que vous avez volée à mon frère.

– Je n'ai pas volé de poule du tout ! proteste l'aubergiste.

– Si vous ne me la rendez pas, je vous fais cogner par mon bâton.

– Non ! Non ! Je n'ai pas ta poule ! hurle l'aubergiste en se sauvant car il a très peur des coups de bâton.

Jean lance :

– Bâton tape !

47

Le bâton court après le bonhomme, lui saute sur le dos et lui tape sur les épaules. Le bâton tape. Bing. Bang. Pan. Pan.

Le vilain aubergiste crie et se roule par terre mais le bâton continue de taper. Bing. Bang. Pan. Pan.

N'en pouvant plus de douleur, l'aubergiste va chercher la poule et la remet à Jean qui arrête son bâton et reprend la route avec la nappe et la poule.

En chemin voilà qu'il rencontre trois voleurs qui lui disent :

– Donne ta poule et tous tes biens, sinon nous te pendons à la plus haute branche de cet arbre.

– Laissez-moi passer, dit Jean ou je vous fais massacrer par les coups de mon bâton.

– Ha ! Ha ! disent les voleurs riant de ses menaces. Nous allons te pendre !

– Bâton tape ! crie alors Jean.

Et le bâton s'abat comme la grêle sur les épaules des voleurs. Bing. Bang. Pan. Pan. Les voleurs épouvantés s'enfuient poursuivis par le bâton déchaîné.

Bing. Bang. Pan. Pan.

Jean rappelle son bâton et se remet en route. Il arrive chez ses parents et s'exclame joyeusement :

– J'ai tout rapporté : la nappe, la poule et mon bâton qui cogne quand je le veux. Voici la nappe.

– Nappe, mets la table ! lance Pierre.

Aussitôt la nappe s'étale et se couvre de mets et de fruits appétissants.

Jean sort la poule de son sac et Jacques dit :

– Poule, ponds-moi de l'or !

Et la poule pond trois œufs d'or.

48

Ce fut alors, dans la pauvre demeure, une soirée de réjouissance agrémentée d'un festin de roi. Pierre, Jacques et Jean avaient vraiment fait fortune. Ils rendirent la vie douce à leurs parents et tous les cinq vécurent heureux et contents jusqu'à la fin de leurs jours.

Le Petit Bonhomme de graisse

En provenance de Saint-Constant, ce petit conte
montre la débrouillardise d'un petit garçon.
Mais son intention de moralité est transparente :
les méchants seront punis, et de belle façon !
La gentillesse sera récompensée. La drôlerie
de ce conte vient aussi du fait que l'on associe
la corpulence et la propreté à la gentillesse.

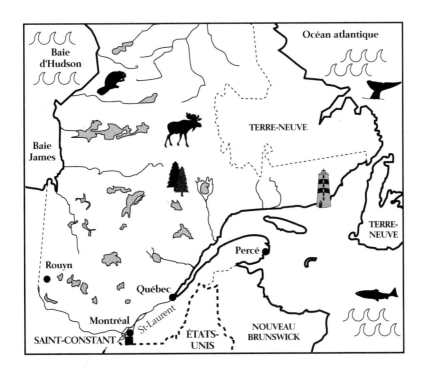

*I*l était une fois, une femme vivant seule dans un village avec son petit garçon. Le petit garçon était gras et joufflu et il était toujours habillé de blanc. Alors on l'avait surnommé, le petit bonhomme de graisse. Tout le village l'aimait car il était gentil et aimable avec tout le monde.

Dans ce même village habitait une méchante femme avec son petit garçon. On la disait un peu sorcière. Son fils à elle n'était ni gras ni joufflu : il était plutôt maigre et sale et il passait le plus clair de son temps à jouer de mauvais tours à ses voisins. Aussi les gens le détestaient. Sa mère était jalouse du petit bonhomme de graisse et le haïssait.

Un jour, la mère du petit bonhomme de graisse s'en alla au marché. Elle mit son panier sur son bras et dit à son fils :

– Sois sage durant mon absence et n'ouvre la porte à personne.

L'enfant promit et sa mère partit. La méchante femme qui la vit passer se dit : « C'est le moment. Je vais aller voir le

petit bonhomme de graisse ! » Et elle prit un grand sac et se dirigea vers l'autre maison.

Elle frappa à la porte.

– Qui est là ? demanda le petit bonhomme de graisse.

La méchante femme, contrefaisant sa voix, répondit :

– C'est une pauvresse qui vous demande la charité.

Le petit bonhomme de graisse prit un morceau de pain et ouvrit la porte pour le donner à la quêteuse. Et la méchante femme se jeta sur lui et le mit dans son sac en criant :

– Ah ! ah ! je vais te faire rôtir, maintenant.

Et elle reprit le chemin de sa maison. En route, elle déposa son sac par terre pour ramasser du bois pour alimenter son feu.

Aussitôt le petit bonhomme de graisse sortit du sac ; il y mit une grosse pierre à sa place et il se sauva à toutes jambes chez sa mère.

51

La vieille remit le sac sur ses épaules. En arrivant chez elle, elle dit à son petit garçon :

– Prépare la marmite que j'y jette le petit bonhomme de graisse.

Le garçon enleva le couvercle et la mère vida son sac dedans. Bang ! la pierre tomba dans la marmite qui se brisa en morceaux.

La méchante vieille était furieuse. Elle reprit son sac et se mit à courir vers la maison du petit bonhomme de graisse. Elle frappa de nouveau à la porte.

– Qui est là ? fit le petit bonhomme de graisse.

– Une pauvresse qui demande la charité, répondit la vieille.

Le petit bonhomme de graisse n'ouvrit pas la porte. Alors la méchante femme grimpa sur le toit et descendit par

la cheminée. Elle saisit le petit bonhomme de graisse et le mit dans son sac en disant :

– Cette fois, tu ne m'échapperas pas !

Elle rentra tout droit chez elle sans s'arrêter pour ramasser du bois. Elle dit à son fils :

– Viens tenir le sac pendant que je prépare mon couteau.

Le petit bonhomme de graisse dit au garçon qui tenait le sac :

– Ouvre un peu le sac que je te fasse voir le beau petit oiseau que j'ai dans ma poche.

Le garçon ouvrit le sac, juste un petit peu, et le petit bonhomme de graisse sauta dehors à toute vitesse, empoigna le garçon maigre qu'il fourra dans le sac et qu'il attacha avec une corde solide. Et il s'enfuit à toutes jambes chez lui.

La méchante femme revint avec son couteau bien affilé et donna dans le sac un grand coup de couteau. Elle attendit un instant puis ouvrit le sac et y trouva... son fils mort.

Alors, elle devint encore plus furieuse. Brandissant son couteau elle courut vers la maison du petit bonhomme de graisse. Pendant ce temps, la mère était revenue du marché et son fils lui avait raconté tout ce qui était arrivé pendant son absence.

Sa mère plaça alors un grand chaudron dans la cheminée et le remplit d'eau qui se mit à bouillir. La méchante femme arriva et elle frappa à la porte en disant :

– Ouvre-moi ta porte sinon je passe par la cheminée !

Le petit bonhomme de graisse et sa mère ne dirent pas un mot. La méchante grimpa sur le toit et descendit par la cheminée. Mais la vapeur de l'eau l'étouffa et elle tomba dans le chaudron où elle mourut ébouillantée.

Et le petit bonhomme de graisse continua de vivre avec sa mère dans sa petite maison, gras, joufflu et aimé de tous.

La Chasse-Galerie

*Dès qu'ils savaient tenir une hache, les hommes
vaillants du Québec partaient aux chantiers après
les récoltes où ils abattaient des arbres jusqu'à la
fonte des neiges.
Dans des cabanes rudimentaires, les bûcherons
trimaient dur et s'ennuyaient terriblement de leurs
femmes et de leurs « blondes[1] ». Cette histoire est
la plus célèbre du Québec et compte de
nombreuses versions.*

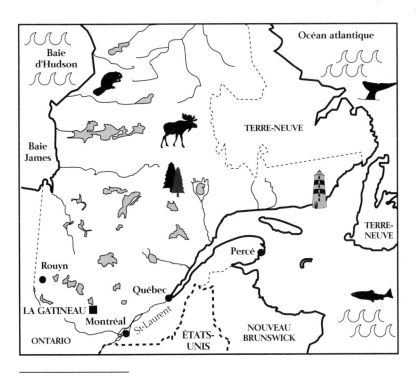

---

1. Blonde : petite amie, fiancée.

Dans le chantier en haut de la Gatineau, on était la veille du jour de l'an. La saison avait été dure et la neige atteignait déjà la hauteur du toit de la cabane.

J'avais terminé de bonne heure les préparatifs du repas du lendemain et je prenais un petit coup avec les gars, car pour fêter l'arrivée du nouvel an, le contremaître nous avait offert un petit tonneau de rhum. J'en avais bien lampé une douzaine de petits gobelets et, je l'avoue franchement, la tête me tournait. En attendant de fêter la fin de l'année avec les autres, je décidai de faire un petit somme.

Je dormais donc depuis un moment lorsque je me sentis secoué assez rudement par le chef des piqueurs, Baptiste Durand, qui me dit :

– Jos ! Les camarades sont partis voir les gars du chantier voisin. Moi, je m'en vais à Lavaltrie voir ma « blonde ». Veux-tu venir avec moi ?

– À Lavaltrie ? Es-tu fou ? Lavaltrie, c'est à plus de cent lieues. Ça nous prendrait plus d'un mois pour faire le chemin à pied ou en traîneau à cheval.

– Il ne s'agit pas de cela, répondit Baptiste. Nous ferons le voyage en canot dans les airs. Et demain matin, nous serons de retour au chantier.

Je venais de comprendre. Mon homme me proposait de courir la chasse-galerie et de risquer mon salut éternel pour le plaisir d'aller embrasser ma blonde au village. Ah ! ma belle Lise, je la voyais en rêve avec ses beaux cheveux noirs et ses lèvres rouges ! Il est bien vrai que j'étais un peu ivrogne et débauché à cette époque, mais risquer de vendre mon âme au diable, ça me surpassait. Mais Baptiste Durand s'impatientait :

55

– Il nous faut un nombre pair. On est déjà sept à partir et tu seras le huitième. Fais ça vite : il n'y a pas une minute à perdre ! Les avirons sont prêts et les hommes attendent dehors.

Je me laissai entraîner hors de la cabane où je vis en effet six de nos hommes qui nous attendaient, l'aviron à la main. Le grand canot d'écorce était sur la neige dans une clairière. Avant d'avoir eu le temps de réfléchir, j'étais assis devant, l'aviron pendant sur le plat-bord, attendant le signal du départ.

D'une voix vibrante, Baptiste lança :

– Répétez après moi !

Et tous les sept, nous répétâmes :

– Satan, roi des enfers, nous te promettons de te livrer nos âmes, si d'ici à six heures nous prononçons le nom de ton maître et du nôtre, le bon Dieu, et nous touchons une croix dans le voyage. À cette condition tu nous transporteras à tra-

vers les airs, au lieu où nous voulons aller et tu nous ramène-
ras de même au chantier !

Acabris ! Acabras ! Acabram !
Fais-nous voyager par-dessus les montagnes !

À peine avions-nous prononcé les dernières paroles que
le canot s'éleva dans les airs. Le froid de là-haut givrait nos
moustaches et nous colorait le nez en rouge. La lune était
pleine et elle illuminait le ciel. On commença à voir la forêt
représentée comme des bouquets de grands pins noirs. Puis,
on vit une éclaircie : c'était la Gatineau dont la surface glacée
et polie étincelait au-dessous de nous comme un immense
miroir.

Puis, petit à petit, on commença à distinguer les lumières
dans les maisons, des clochers d'églises qui reluisaient comme
des baïonnettes de soldats.

Et nous filions toujours comme tous les diables, passant
par-dessus les villages, les forêts, les rivières et laissant derrière
nous comme une traînée d'étincelles. C'est Baptiste qui gouvernait car il connaissait la route puisqu'il avait fait un tel
voyage déjà. Bientôt la rivière des Outaouais nous servit de
guide pour descendre jusqu'au lac des Deux-Montagnes.

– Attendez un peu, cria Baptiste. Nous allons raser
Montréal et effrayer les sorteux qui sont encore dehors à cette
heure-ci. Toi, Jos, en avant, éclaircis-toi le gosier et chante-
nous une chanson !

On apercevait en effet les mille lumières de la grande
ville et Baptiste d'un coup d'aviron nous fit descendre à peu
près à la hauteur des tours de l'église Notre-Dame. J'entonnai

à tue-tête une chanson de circonstance que tous les canotiers répétèrent en chœur :

> *Mon père n'avait fille que moi*
> *Canot d'écorce qui va voler*
> *Et dessus la mer il m'envoie*
> *Canot d'écorce qui vole, qui vole*
> *Canot d'écorce qui va voler !*

Les gens sur la place nous regardaient passer et nous continuions de filer dans les airs. Bientôt nous fûmes en vue des deux grands clochers de Lavaltrie qui dominaient le vert sommet des grands pins.

– Attention ! cria Baptiste. Nous allons atterrir dans le champ de mon parrain Jean-Jean Gabriel et nous irons ensuite à pied pour aller surprendre nos connaissances dans quelque fricot ou quelque danse du voisinage.

Cinq minutes plus tard, le canot reposait dans la neige à l'entrée du bois et nous partîmes tous les huit à la file pour nous rendre au village. Ce n'était pas une mince besogne car il n'y avait pas de chemin battu et nous avions de la neige jusqu'au califourchon. Baptiste alla frapper à la porte de la maison de son parrain. Il n'y trouva qu'une fille engagée qui lui dit que les gars et les filles de la paroisse étaient chez Batisette Augé, à la Petite-Misère, de l'autre côté du fleuve, là où il y avait un rigodon du jour de l'an.

– Allons au rigodon chez Batisette, dit Baptiste, on est sûr d'y rencontrer nos blondes.

Et nous retournâmes au canot, tout en nous mettant mutuellement en garde sur le danger qu'il y avait de prononcer certaines paroles et de prendre un coup de trop car il

57

fallait reprendre la route du chantier et nous devions y arriver avant six heures du matin sinon nous étions flambés comme des carcajous et le diable nous emportait au fond des enfers !

Acabris ! Acabras ! Acabram !
Fais-nous voyager par-dessus les montagnes !

cria de nouveau Baptiste. Et nous voilà repartis pour la Petite-Misère, en naviguant en l'air comme des renégats que nous étions tous.

En deux tours d'aviron, nous avions traversé le fleuve et nous étions chez Batisette Augé dont la maison était tout illuminée. On entendait les sons du violon et les éclats de rire des danseurs dont on voyait les ombres se trémousser à travers les vitres couvertes de givre. On cacha le canot et on courut vers la maison. Baptiste nous arrêta pour dire :

– Les amis, attention à vos paroles. Dansons mais... pas un verre de jamaïque ou de bière, vous m'entendez ? Et au premier signe, suivez-moi tous car il faudra repartir sans attirer l'attention.

Suite à nos coups sur la porte, le père Batisette lui-même vint ouvrir. On nous reçut à bras ouverts et nous fûmes assaillis de questions.

– D'où venez-vous ?

– N'êtes-vous pas dans les chantiers ?

Mais Baptiste Durand coupa court à ces discours en disant :

– Laissez-nous nous décapoter et puis, ensuite laissez-nous danser. Nous sommes venus exprès pour ça. Demain matin, nous répondrons à toutes vos questions.

Moi, je n'avais eu besoin que d'un coup d'œil pour trouver ma Lise parmi les autres filles du canton. Elle se faisait courtiser par un nommé Boisjoli de Lanoraie mais je vis bien qu'elle m'avait vu. Elle m'accorda la prochaine danse avec le sourire, ce qui me fit oublier que j'avais risqué le salut de mon âme juste pour avoir le plaisir de me trémousser à ses côtés. Pendant deux heures de temps, une danse n'attendait pas l'autre et ce n'est pas pour me vanter si je vous dis qu'il n'y avait pas mon pareil à dix lieues à la ronde pour la gigue simple.

Mes camarades, de leur côté, s'amusaient comme des lurons. Du coin de l'œil j'avais aperçu Baptiste s'envoyer des gobelets de whisky blanc dans le gosier mais je n'y avais pas prêté attention tant j'étais heureux de danser. Puis, quatre heures sonnèrent à la pendule. Il fallait partir.

60

Les uns après les autres, il fallut sortir de la maison sans attirer les regards ce qui se réalisa sans trop de mal. Mais rendus dehors, on s'aperçut que Baptiste Durand avait pris un coup de trop et qu'il était si soûl qu'il avait du mal à se tenir debout. On n'était pas rassurés car c'était lui qui gouvernait.

La lune était disparue et le ciel n'était pas aussi clair qu'auparavant. Ce n'est pas sans crainte que je pris ma place à l'avant du canot, bien décidé à avoir l'œil sur la route que nous allions suivre. On lança la formule.

Acabris ! Acabras ! Acabram !
Fais-nous voyager par-dessus les montagnes !

Et nous revoilà partis à toute vitesse. Mais il devint évident que notre pilote n'avait plus la main aussi sûre, le canot

décrivait des zigzags inquiétants. On frôla quelques clochers et enfin, l'un de nous cria à Baptiste :

– À droite ! Baptiste ! À droite, mon vieux ! tu vas nous envoyer chez le diable si tu ne gouvernes pas mieux que ça !

Et Baptiste fit tourner le canot vers la droite en mettant le cap sur Montréal que nous apercevions déjà dans le lointain. Le voyage fut très mouvementé à cause de Baptiste qui lançait des jurons et qui s'endormait mais on finit par apercevoir le long serpent blanc de la Gatineau. Il fallait piquer au nord vers le chantier.

Nous n'en étions plus qu'à quelques lieues, quand voilà-t-il pas que cet animal de Baptiste se leva tout droit dans le canot en lâchant un juron qui me fit frémir jusqu'à la racine des cheveux. Impossible de le maîtriser dans le canot sans courir le risque de tomber d'une hauteur de quatre-vingts mètres au moins. Il se mit à gesticuler en nous menaçant de son aviron et tout à coup, le canot heurta la tête d'un gros pin et nous voilà tous précipités en bas, dégringolant de branche en branche comme les perdrix que l'on trouve juchées dans les épinettes.

Je ne sais pas combien de temps je mis à descendre car je perdis connaissance avant d'arriver et mon dernier souvenir était celui d'un homme qui rêve qu'il tombe dans un puits sans fond.

Vers les huit heures du matin, je m'éveillai dans mon lit dans la cabane où m'avaient transporté des bûcherons qui nous avaient trouvés dans la neige. Personne n'était blessé mais on avait tous des écorchures sur les mains et la figure. Enfin, le principal c'est que le diable ne nous avait pas tous emportés et que nous étions sains et saufs.

Tout ce que je puis vous dire, mes amis, c'est que ce n'est pas si drôle qu'on le pense d'aller voir sa blonde en canot d'écorce, en plein cœur d'hiver, en courant la chasse-galerie. Surtout si vous avez un maudit ivrogne qui se mêle de gouverner. Si vous m'en croyez, vous attendrez à l'été prochain pour aller embrasser vos p'tits cœurs, sans courir le risque de voyager aux dépens du diable.

Surtout que, sachez-le, la Lise, eh ! bien... elle a fini par épouser le Boisjoli de Lanoraie, la bougresse !

Pois-Verts

*Pois-Verts est celui qui se moque de la cupidité
de son maître en lui vendant comme charmes
des objets inutiles et en le faisant mettre dans
un sac et jeter à la mer. On voit ici le triomphe
de l'ingéniosité. Le maître que Pois-Verts a roulé
n'est pas le médecin ni le roi, mais le curé.
Le curé était un personnage très important
de la vie des gens d'autrefois et les conteurs
adaptaient souvent des récits merveilleux en y
introduisant des personnages de la vie courante.*

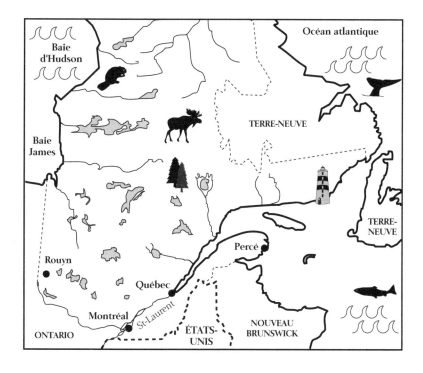

*I*l était une fois un homme appelé Pois-Verts. Il était à la fois le serviteur et l'homme de confiance du curé. Un jour, il se mit à jouer des tours à son maître. Le curé s'en accommoda pendant quelques années mais, à la fin, excédé, il dit à son engagé :

– Pois-Verts, ramasse tes guenilles et va-t'en ! Je n'ai plus besoin de toi.

– Je ne demande pas mieux que de m'en aller, répond Pois-Verts, j'en ai assez de vous servir.

Et sur ce, il s'en va et s'achète une petite propriété, près de celle de son ancien maître.

Pois-Verts était très intelligent. Un bon matin, il s'invente un plan. Il prend deux gros morceaux de fer qu'il fait bien rougir au feu. Puis, il dépose son chaudron près de lui et se fabrique un petit fouet ; ensuite, il envoie chercher le curé, son voisin.

Quand le curé est sur le point d'arriver, Pois-Verts prend les morceaux de fer rouge et les jette dans sa soupe. Il met son

chaudron entre ses jambes et, avec son petit fouet, il claque sur le chaudron disant :

– Bouille, ma soupe !

Le curé entre, aperçoit son ancien serviteur fouettant son chaudron et la soupe bouillant.

– Pois-Verts, quel secret as-tu pour ainsi faire chauffer ton repas ?

– Ce secret est dans mon fouet, répond Pois-Verts qui fouette tranquillement son chaudron, tout en parlant, tandis que la soupe bout de plus belle.

Le curé, enchanté de voir bouillir la soupe et d'apprendre le secret du fouet dit :

– À moi qui ai des servantes pas trop vives, ce fouet serait bien utile. Toi qui es tout seul, Pois-Verts, tu n'en as pas besoin.

– On a toujours besoin d'un bon article, monsieur le curé. Mais pour vous rendre service je suis prêt à vous le vendre. Mon fouet vaut cent piastres.

– Il n'est pas cher, reprend le curé, voilà cent piastres. Donne-moi le fouet.

Pois-Verts prend l'argent et remet le fouet.

Une fois l'entente conclue, le curé ne tient pas un long discours, mais il s'en retourne au presbytère et dit à ses servantes :

– Je n'ai plus besoin que d'une servante. Les deux autres, je les mets à la porte.

Les servantes deviennent pensives. À celle qu'il garde, le curé dit :

– Va chercher la théière, mets-y le thé dans de l'eau froide.

« Qu'est-ce que le curé a envie de faire ? » se demande la servante en obéissant à son maître.

65

– La théière est-elle prête ? demande le curé.

– Oui, monsieur le curé, tout est bien prêt.

Monsieur le curé va chercher le fouet ; il prend la théière, la met sur la table et commence à la fouetter en disant :

– Bouille, théière !

Rien ne bout.

Le curé claque le fouet à nouveau. Rien ! Découragé, il dit :

– Je ne m'y prends pas bien. Pois-Verts était assis à terre, le chaudron entre ses jambes. Je vais faire comme lui.

Il s'assoit à terre, il met la théière entre ses jambes et la fouette de son mieux. Après avoir fouetté tranquillement, il se met à la fouetter à grands coups. Il n'est pas plus avancé. La servante demande :

– Monsieur le curé, où avez-vous eu ce fouet-là ?

– Je viens de l'acheter à Pois-Verts.

– C'est encore un tour qu'il vous a joué, comme au temps où il restait ici.

Furieux, le curé jette le fouet au feu en disant :

– Demain, Pois-Verts aura de mes nouvelles !

Le lendemain, Pois-Verts fait venir sa vieille mère, lui demandant de passer la journée chez lui. Ayant rempli une vessie de sang, il l'accroche au cou de sa mère et commence à se promener dans sa maison, en regardant d'une fenêtre à l'autre. Il s'attendait à voir bientôt le curé arriver en fureur. Tout à coup, il l'aperçoit approcher de la maison. Faisant un grand vacarme, Pois-Verts se met à renverser la table et les chaises et à tout casser. Comme le curé entre, il saisit sa vieille mère et lève son canif en criant :

– Vieille garce ! il y a assez longtemps que le monde vous connaît. C'est fini !

Pour le calmer, le curé dit :

– Pois-Verts, que fais-tu ? Que fais-tu ?

– C'est mon affaire, fait Pois-Verts, je ne veux pas voir de curieux chez moi.

Et de son couteau il perce la vessie pleine de sang qui pend au cou de sa mère. Le sang coule et la vieille tombe comme mourante. Ceci dégoûte le curé qui commence à lancer des injures à Pois-Verts et à le menacer.

– Cette fois ton temps est arrivé ! je vais te mettre entre les mains de la justice et ta tête tombera sur l'échafaud !

– Je viens de vous dire que je ne veux pas voir de curieux chez moi, répond Pois-Verts en prenant son sifflet. Ma mère est morte, mais elle va revenir à la vie !

Et le voilà qui se met à siffler avec son instrument :

– Tourlututu ! Reviendras-tu ?

La vieille commence à bouger.

– Tourlututu, reviendras-tu ? répète-t-il.

Et Pois-Verts ajoute :

– La troisième fois, je ne manque jamais mon coup. Tourlututu, reviendras-tu ? ou ne reviendras-tu pas ?

Il n'a pas sitôt prononcé « Tourlututu » que la vieille est debout.

Étonné de voir ce sifflet si merveilleux, le curé demande :

– Pois-Verts, où as-tu pris ce sifflet ?

– Une vieille magicienne me l'a donné, avec ce sifflet, je peux faire tout ce que je veux, répond Pois-Verts.

– Ah ! voilà ce qu'il me faut pour mes paroissiens.

– Un bon article fait l'affaire de tout le monde.

67

– Veux-tu me le vendre ? demande le curé. Combien veux-tu pour ton sifflet, Pois-Verts ?

– Pour vous rendre service, je vais vous le vendre, monsieur le curé.

– Combien veux-tu ?

– Deux cents piastres, monsieur le curé.

– Il n'est pas cher, Pois-Verts, je le prends et je vais commencer par ma servante.

– Sachez bien vous en servir, monsieur le curé. Vous avez vu comment je m'y suis pris pour ma vieille mère.

– Sois sans crainte, dit le curé.

Le curé part et arrive au presbytère pas trop de bonne humeur. Il commence à brasser la table, le pupitre, la vaisselle.

– Monsieur le curé ! dit la servante, vous n'êtes pas à votre place dans mon armoire.

– Comment ça, je ne suis pas à ma place ? Ah ! je vais t'en faire une place !

Il prend le couteau à pain et tranche le cou de la servante. La servante est morte et le curé est fier d'essayer son sifflet. Il fait la même chose que Pois-Verts. Il siffle :

– Tourlututu ! reviendras-tu ?

La servante ne bouge pas.

– Tourlututu, reviendras-tu ? siffle-t-il à nouveau.

Rien.

« C'est curieux, pense le curé, la première fois que Pois-Verts a sifflé la vieille avait bougé ; et la deuxième fois elle s'était presque levée. Ici, c'est la deuxième fois et elle ne bouge pas. Pourtant j'ai fait comme Pois-Verts. »

Il essaie encore.

– Tourlututu ! reviendras-tu ? Ou ne reviendras-tu pas ?

Mais la servante est morte et le reste. Le curé devient pensif. « Depuis longtemps, Pois-Verts me joue des tours. Cette fois-ci, c'est le dernier ! Je vais faire prononcer un jugement contre lui en justice et le faire disparaître. »

Le curé dénonce alors Pois-Verts et Pois-Verts est condamné à être mis dans un sac et jeté à la mer. Pois-Verts est satisfait. Le soir, les deux serviteurs du curé viennent le chercher, le mettent dans un sac et partent pour la mer.

– Non ! je ne veux pas y aller ! Non, je ne veux pas y aller ! crie Pois-Verts tout le long du chemin.

Passant devant une auberge, les serviteurs entrent boire un verre et laissent le sac dehors sur le perron.

– Je ne veux pas y aller ! Je ne veux pas y aller ! crie toujours Pois-Verts, pour se désennuyer.

Pendant que les serviteurs boivent, un pauvre passe et, curieux, écoute Pois-Verts crier dans le sac : « Je ne veux pas y aller ! »

Approchant du sac, le pauvre homme y touche et demande :

– Où ne veux-tu pas aller ?

– On m'emmène coucher avec la princesse ; mais jamais ils ne m'y feront consentir, dit Pois-Verts.

– Veux-tu me donner ta place ? demande le pauvre homme.

Pois-Verts accepte avec plaisir.

– Détache le sac et prends ma place.

Pois-Verts sort et le pauvre s'y fourre. À peine Pois-Verts est-il en fuite que les serviteurs arrivent, saisissent le sac et pendant qu'ils marchent le pauvre homme crie comme faisait Pois-Verts :

– Je ne veux pas y aller ! Je ne veux pas y aller !

– Veux, veux pas, répondent les serviteurs, c'est au large que tu vas aller.

Et tenant le sac à chaque bout, ils comptent un, deux, trois et vlan ! ils lâchent le sac qui tombe au large.

Le lendemain, le curé demande à ses serviteurs :

– L'avez-vous jeté au large ?

– Soyez tranquille, monsieur le curé, répondent-ils, Pois-Verts a joué assez de tours ; il ne reviendra jamais.

« Enfin, je serai bien débarrassé ! » pense le curé en se promenant comme d'habitude sur le large perron de sa maison.

Plus tard, après le repas, il voit venir un troupeau de bêtes à cornes. Plus le troupeau approche, plus il voit que celui qui le mène ressemble à Pois-Verts. Appelant l'un de ses serviteurs le curé dit :

– Voilà un beau troupeau de bêtes à cornes. Mais regarde donc en arrière, ça ressemble à Pois-Verts.

– Ça ne se peut pas, répond l'autre, hier au soir nous l'avons jeté à l'eau.

– Regarde comme il faut, serviteur ; ça m'a l'air de Pois-Verts !

De fait, Pois-Verts, le bâton à la main, menait le troupeau et de temps en temps criait :

– Ourche, mourche !

Le curé se hissa sur le bout des pieds pour mieux voir et s'écria :

– C'est Pois-Verts !

– Bonsoir, monsieur le curé, bonsoir ! dit Pois-Verts en passant devant le presbytère.

– Comment, Pois-Verts, mais c'est bien toi ?

– Oui, monsieur le curé, c'est bien moi.

– Mais d'où viens-tu avec toutes ces bêtes à cornes ?

– Ah ! monsieur le curé, ne m'en parlez pas ! Si vos serviteurs m'avaient seulement jeté dix pieds plus loin, je vous ramenais les deux plus beaux chevaux noirs qu'on n'ait jamais vus dans la province. Mais ils m'ont jeté au milieu de ce troupeau de bêtes à cornes que j'ai ramené avec moi.

Le curé tombe encore dans le panneau et croit Pois-Verts.

– Si j'y allais moi-même, Pois-Verts ? Toi, qui connais la distance exacte... ?

– Je vous garantis, monsieur le curé, que je ne manquerais pas mon coup ! Si un de vos serviteurs m'aide ce soir, je vous jetterai en plein milieu des beaux chevaux.

– Accepté !

Pois-Verts mène son troupeau sur sa ferme. Quand il revient le soir, il aide le curé à entrer dans le sac et s'en va avec un serviteur le porter au bord de la mer.

– Jetons monsieur le curé au large, dit Pois-Verts.

Et monsieur le curé s'en va rejoindre le pauvre homme au fond de la mer où il est resté.

Avec tous les tours qu'il avait joués, Pois-Verts devint un gros commerçant.

71

La Princesse Merveille

Quelle bonne idée Ti-Jean a eue d'écouter les conseils de la chatte blanche ! N'est-ce pas que la vie serait agréable si l'on rencontrait des bêtes aussi utiles sur son chemin ?

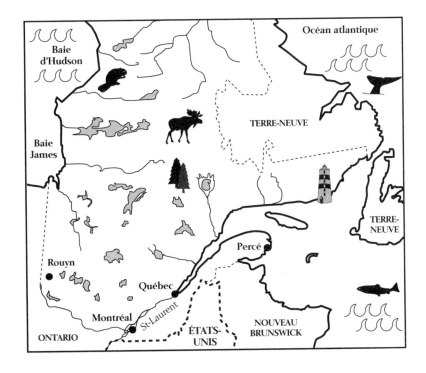

Un roi avait trois fils. Félix, l'aîné, Aubert et le plus jeune : Ti-Jean. Un jour, le roi dit :

– Mes fils, je vous ai fait instruire et je vous ai fourni le gîte et le couvert. Maintenant, il est temps de savoir si vous avez profité de cela. Vous allez vous mettre en route. Celui d'entre vous trois qui reviendra de ses voyages avec la plus belle toile du pays recevra en échange ma couronne et mon royaume.

Les trois fils se préparèrent et un matin les voilà partis.

Rendus à une fourche de trois chemins, Félix dit :

– Je prends ce chemin-ci.

Aubert dit :

– Moi, je prends celui-là.

Ti-Jean n'a pas le choix puisqu'il ne reste qu'un chemin. Aussi dit-il :

– Et moi, je prends le chemin qui reste.

Mais avant de poursuivre, les trois frères s'entendent :

– Le jour des feux de la Saint-Jean, nous nous retrouve-rons ici, à la fourche des trois chemins.

Ti-Jean marche, marche, marche jusqu'au bout du che-min et arrive devant une grande forêt. Il prend un sentier sous les arbres et continue son voyage. Tout à coup, devant lui, se dresse une maisonnette au toit de chaume et à quelques pas, il voit une chatte blanche qui conduit quatre crapauds attelés à un chariot. Il s'arrête et les regarde faire.

La chatte remplit une cuve d'eau et se met à miauler. Miaou ! Miaou !

« Tout ça est bien étrange » se dit Ti-Jean. Puis, la chatte plonge dans la cuve. « Oh ! C'est encore plus bizarre », observe Ti-Jean. Et aussitôt sort de la cuve une princesse belle comme le jour qui lui demande :

– Que cherches-tu, Ti-Jean ?

– Je cherche pour mon père, répond Ti-Jean, intimidé, la plus belle toile du pays.

– Je peux t'en trouver mais tu devrais rester ici car la nuit approche. Moi, demain, je redeviendrai une chatte blanche. Mais écoute-moi bien. Tu regarderas dans le plus haut tiroir de ma petite commode. Tu prendras la plus vilaine noix que tu y verras et tu la mettras dans ta poche. Arrivé chez ton père, fends cette noix de ton couteau, fends, fends et refends. Il en sortira trente aunes de la plus belle toile qui se soit jamais vue sous le soleil.

Le lendemain matin, Ti-Jean accomplit à la lettre ce que lui a recommandé la princesse. Puis il reprend sa route vers la fourche des trois chemins. Au temps convenu, il rencontre ses deux frères. Tous deux rapportent des ballots de belle toile pour leur père, si belle que Ti-Jean en reste bouche bée.

– Et toi, Ti-Jean, disent Félix et Aubert, tu n'en rapportes pas ?

– Mon père aura bien assez de toute cette toile que vous avez là sans en demander davantage ! s'exclame Ti-Jean.

Les trois princes finissent par arriver chez le roi et s'empressent d'aller lui montrer leurs trouvailles. La toile de Félix est sans pareille ; celle d'Aubert, si cela est possible, est encore plus fine et plus soyeuse. Les deux frères, satisfaits d'eux-mêmes, disent à leur père en ricanant :

– Ti-Jean n'a pas l'air de rapporter de toile !

Et voilà Ti-Jean qui arrive en courant, sort la noix de sa poche et dit à son père :

– Père, prenez mon couteau. Fendez la noix sur le coin de la table. Fendez, fendez et refendez.

Ses frères se mettent à rire.

76

– Pauvre Ti-Jean, disent-ils, une sale noix en guise de toile !

Le roi fend la noix. Dans la noix, il y a une autre noix ; il fend la deuxième, en trouve une troisième encore plus petite. Fend, fend et refend. Et surgit de celle-là, brusquement, trente aunes de la toile la plus fine qui se soit jamais tissée, une toile couleur de lune. Toute la cour est émerveillée. On n'a jamais vu toile si belle. C'est donc Ti-Jean qui a gagné l'épreuve au grand dépit des deux frères.

Le roi dit :

– J'ai trois paroles ; il en reste encore deux. Celui qui me rapportera le plus beau cheval sous le soleil aura ma couronne.

Félix et Aubert partent en entendant ces mots, si vite que Ti-Jean a peine à les suivre. Rendus à la fourche des chemins, Félix dit :

– Moi, je choisis le même chemin, c'est le meilleur.

Aubert n'a pas non plus l'idée de changer sa route et Ti-Jean, eh bien, il ne lui reste que le troisième. Avant de se quitter, les trois frères disent :

– Au décroît de la lune, nous nous retrouverons tous les trois ici.

Et les voilà partis. Ti-Jean marche, marche, marche et prend le sentier de la forêt. Il s'arrête à la petite maisonnette recouverte de chaume et observe encore la chatte blanche transportant de l'eau dans une petite charrette attelée à quatre crapauds. « Miaou, miaou », fait la chatte avant de plonger dans la cuve et d'en ressortir changée en princesse plus belle encore que la première fois.

– Que cherches-tu, Ti-Jean ? demande-t-elle.

– Un cheval pour mon père le roi qui a donné sa deuxième parole.

– Demain matin, lui confie la princesse rends-toi à mon écurie et prends le plus galeux de mes crapauds. Une fois rendu chez ton père tu renfermeras le crapaud et le lendemain, il sera le plus beau cheval de la terre.

Ti-Jean suit les directives de la princesse. Aux trois chemins, il rencontre ses frères. Ah ! qu'ils ont de beaux chevaux ! En voyant Ti-Jean à cheval sur un crapaud galeux, ils s'écrient :

– Ne te montre pas ainsi au roi notre père ! C'est rire de lui !

Ti-Jean refuse d'écouter leurs quolibets. Lorsqu'ils arrivent, ils rangent leurs montures à l'écurie et Ti-Jean passe l'étrille sur son crapaud et l'enferme dans un réduit.

Le lendemain, Félix et Aubert se lèvent avant l'aube pour aller montrer leurs beaux chevaux à leur père.

– Et Ti-Jean, demande le roi ?

– Ah ! lui, répond Aubert, il a rapporté un crapaud !

– Un crapaud !

Pendant ce temps, Ti-Jean court à l'écurie ouvrir le petit réduit et il s'amène en compagnie du plus beau cheval de la terre, le crin d'argent et ferré de sabots d'or.

– Ah ! s'écrie le roi, c'est loin d'être un crapaud ! C'est encore toi, Ti-Jean, qui as gagné.

Les frères ne ricanent plus ; ils sont plutôt furieux. Mais le roi déclare :

– Il me reste une parole. Celui de vous trois qui ramènera la plus belle femme au monde aura ma couronne. Cette fois, c'est ma dernière parole !

78

Félix, Aubert et Ti-Jean partirent, les uns sur leurs chevaux, Ti-Jean sur son crapaud. Ils suivent les mêmes chemins et ils marchent, marchent, marchent. Ti-Jean arrive à la petite maisonnette et rencontre à nouveau la chatte blanche qui plonge dans la cuve en faisant miaou, miaou. Elle ressort princesse, belle comme la lune, rayonnante comme le soleil. Ti-Jean en tombe à la renverse ébloui par sa beauté.

– Te voilà pour la troisième fois, dit-elle. Que cherches-tu, cette fois, Ti-Jean ?

– Cette fois, il me faut ramener à mon père la plus belle femme du monde.

– Te voilà bien mal pris, dit la princesse.

– Pas tant que ça, fait Ti-Jean ; je n'en connais pas d'aussi belle que vous ni n'en veux jamais connaître.

– Eh bien, Ti-Jean, tu dois savoir qu'une méchante fée m'a métamorphosée en chatte le jour et je ne redeviendrai princesse que lorsque le fils d'un roi m'épousera. Je m'attends bien à mourir d'ennui ici avec ma cuve et mes crapauds.

– Patience ! dit Ti-Jean. Je suis prince, fils de roi. Je peux donc te délivrer.

– Je ne peux t'en empêcher.

– Alors, partons, s'écrie Ti-Jean.

– Attends ! Demain matin, je serai encore chatte blanche. Tu attelleras mes quatre crapauds à mon chariot et nous partirons ensemble.

Le lendemain, Ti-Jean fait comme prévu. La chatte blanche est assise à ses côtés. Elle grimpe sur ses genoux, sur ses épaules en miaulant : miaou, miaou. À la fourche des chemins, Félix et Aubert sont là qui attendent Ti-Jean. À leurs côtés il y a deux belles filles, grasses, joufflues et rougeaudes. Apercevant Ti-Jean avec sa chatte ils s'esclaffent et disent :

– Cette fois, c'est le bout ! Il confond une femme avec une chatte !

– Au moins, ne nous suis pas de près avec ta ménagerie, lance Félix.

Ti-Jean continue sa route, fouettant ses crapauds tandis que la chatte le frôle en miaulant. Miaou, miaou.

Le lendemain, le roi trouve que les deux filles rapportées par Félix et Aubert sont bien jolies.

– Et Ti-Jean ? demande le roi.

– Ah ! lui, il ramène une chatte. Une chatte blanche qui miaule !

– Une chatte ! s'écrie le roi. Il me faut la voir.

Ti-Jean a dormi trop longtemps. Vite, il attelle ses quatre crapauds qui se changent en chevaux sans pareils. Dans un carrosse étincelant, il emmène la princesse Merveille, belle comme le jour, radieuse comme le soleil. Le roi, ébloui, en perd la parole.

Enfin, revenu de sa surprise, il dit :

– Ti-Jean, c'est à toi que revient mon royaume !

Enlevant sa couronne de sur sa tête, le roi la pose sur la tête de Ti-Jean.

On fit des noces magnifiques. J'y suis allée et j'ai bu beaucoup de vin. J'ai dormi dans le fossé toute la journée. Mais, au moins, j'ai pu venir jusqu'à vous, ce soir, pour vous raconter cette histoire.

La Femme en bois

Cette belle histoire nous vient des Micmacs.
Premiers aborigènes rencontrés au Canada
par Jacques Cartier en 1534, les Micmacs
appartiennent à la grande famille algonquine.
Ils ont été les alliés des Français. Leurs mythes
sont très riches, comme celui-ci qui raconte
la naissance du soleil.

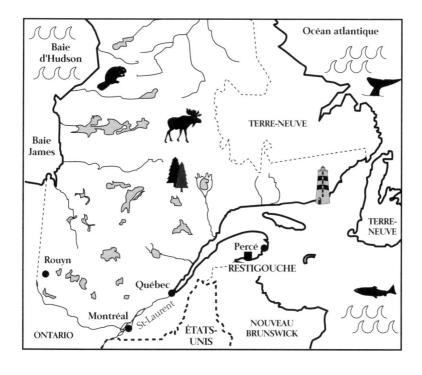

*U*n vieil Indien vivait avec sa femme un peu à l'écart du village de sa tribu. Un jour, allant cueillir des baies sauvages, la femme trouva un enfant qu'elle ramena dans sa loge. Il grandit et chassa pour ses parents adoptifs qui le nommèrent Petit Fils.

Après deux fois dix printemps, Petit Fils décida qu'il voulait prendre femme. Il se construisit un wigwam[1] solide, fit provision de viande de gibier, puis il partit à la recherche d'une épouse. Il arpenta tous les sentiers de la forêt, grimpa plusieurs montagnes, scruta les rochers du bord de la mer mais il ne trouva pas la femme qu'il désirait. Alors, il coupa un tilleul et se tailla une femme avec le bois doux et blanc. Il s'appliqua particulièrement à lui faire un beau visage rond. Il fut bien surpris quand la femme en bois lui dit :

---

1. Wigwam : habitat traditionnel de certains Amérindiens.

– Porte-moi dans ton wigwam, couche-moi sur le lit de sapinage et recouvre-moi d'une peau d'ours. Je t'épouserai dans trois jours. Mais d'ici là ne me regarde pas, sinon tu ne me reverras plus jamais.

Petit Fils obéit à la femme en bois et pour ne pas être tenté de la regarder, il s'enfuit dans la forêt. Le lendemain il revint en se répétant : « Il ne faut pas que je la regarde sinon je ne la reverrai plus jamais. »

Malgré sa détermination, ses pieds l'entraînèrent vers une ouverture entre deux morceaux d'écorce de bouleau dans le mur du wigwam. Il ordonna à ses pieds de cesser leur manège mais ils n'écoutèrent pas et le conduisirent si près de l'ouverture qu'il ne put s'empêcher de jeter un coup d'œil à l'intérieur. Il vit une fille au visage rond et blanc qui était assise et qui cousait des mocassins. Elle était si belle et il eut si peur de la perdre qu'il courut sans bruit se cacher dans la forêt.

Le troisième jour, il revint au wigwam. Près de la source il vit des empreintes de pas qui s'en éloignaient.

– Ma femme est partie ! s'écria-t-il plein de chagrin.

Il courut au wigwam et le trouva vide. Alors, il prit son arc et, dans son carquois, une flèche en bois de cornouiller rouge. Il tira la flèche du côté où se couche la lune et il se mit aussitôt à courir dans la même direction. Il filait si vite qu'il arriva avant qu'elle touche terre. Puis, il tira de nouveau sa flèche rouge et fit ainsi, pendant toute la journée, beaucoup de chemin.

À la tombée de la nuit, il aperçut une maison. À l'intérieur, une vieille femme faisait bouillir du maïs.

– Grand-mère, demanda-t-il, avez-vous vu passer ma femme ?

85

– Oui, mon fils, hier, à midi, dit la vieille. Mais il est trop tard pour suivre sa piste. Mange et repose-toi.

Le lendemain, quand le jeune homme remit ses mocassins pour reprendre sa route, la vieille lui donna un os de lynx en disant :

– Garde-le, il pourra te servir où tu vas.

Toute la journée, Petit Fils courut derrière sa flèche rouge en suivant les traces de sa femme. Après avoir franchi autant de distance que la veille, il arriva à une autre maison où une vieille femme faisait cuire du maïs.

– Grand-mère, demanda-t-il, avez-vous vu passer ma femme ?

– Oui, mon fils, hier, à midi. Mais il est trop tard pour la suivre. Mange et repose-toi. Tu repartiras demain.

Le lendemain, au moment d'enfiler ses mocassins, la vieille donna au jeune homme un os de lynx semblable à celui qu'il avait déjà reçu. Et il reprit sa course derrière la flèche rouge jusqu'à la nuit. Il croisa alors une troisième maison abritant une vieille qui faisait cuire du maïs.

– Grand-mère, avez-vous vu passer ma femme ? demanda-t-il.

– Oui, mon fils, hier à midi. Mais il est trop tard pour continuer de la suivre. Mange et repose-toi car ta route est longue et cette maison est la dernière que tu rencontreras avant d'atteindre l'arbre carré dont la tête se perd dans le Monde d'en Haut. C'est par là que ta femme est montée. Il y a des marches creusées dans l'arbre mais elles sont invisibles. À toi de trouver la façon de faire.

Le lendemain, au moment du départ, la vieille femme donna à Petit Fils une queue d'écureuil. Il arriva bientôt au pied de l'arbre carré. Il en fit le tour afin de s'assurer que les

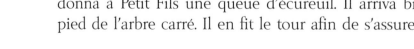

traces de pas de sa femme s'y arrêtaient. Puis il s'assit pour fumer et réfléchir. Il se rappela les os de lynx que les deux vieilles lui avaient donnés. Il en prit un dans chaque main et, en les enfonçant dans l'écorce à tour de rôle, il réussit à grimper. Il grimpa très longtemps si bien que les os de lynx s'usèrent. Mais il était maintenant rendu si haut qu'il ne voyait ni le Monde d'en Bas ni le Monde d'en Haut. Ne sachant quoi faire, il fit appel à son génie protecteur et lui demanda conseil.

– Ferme les yeux, lui souffla celui-ci dans une bourrasque de vent, et monte les marches que tu ne vois pas.

Confiant, Petit Fils reprit son ascension les yeux bien fermés ce qui dura le temps de fumer dix pipes. Puis, désobéissant à son génie protecteur, il ouvrit les yeux pour voir où il était. Patatras ! Il dégringola à l'endroit où les os de lynx s'étaient usés car c'était sa punition. Il était bien découragé. Il pensa à se laisser tomber en bas de l'arbre carré mais la pensée de sa femme au visage rond et blanc comme la neige lui redonna courage. Il songea tout à coup à la queue d'écureuil que lui avait donnée la dernière vieille. Il la prit dans sa main et, soudain, il se mit à grimper aussi vite que le petit animal auquel elle appartenait.

Finalement, il arriva à l'endroit où l'arbre carré dépassait le Monde d'en Haut sans en toucher le bord. Un grand vide le séparait. Qu'allait-il faire ? Comme un écureuil, Petit Fils sauta au-dessus du vide et se retrouva sur un petit monticule de terre ferme face à un ours blanc qui lui demanda :

– Que viens-tu faire ici dans ce monde qui n'est pas le tien ?

– Je viens chercher ma femme au visage rond et blanc comme la neige.

87

– Elle t'a prévenu que si tu la regardais une fois tu ne la reverrais plus jamais.

– Je veux la chercher malgré cela.

– À ta guise, répondit l'ours. Mais pour demeurer ici tu dois subir une épreuve. Il faut faire faire le tour du monde à cette boule de feu que voici.

– En courant ?

– Oui. Mais un de mes frères courra avec toi. S'il arrive le premier avec la boule, il te mangera.

– Et si c'est moi ?

– Mon frère court très vite, se contenta de dire l'ours blanc.

Déjà l'autre ours avait saisi la boule brûlante dans sa gueule. Le jeune homme n'essaya pas de la lui ôter. Il serra plus fort dans sa main sa queue d'écureuil et bondit sur le dos de son rival et se laissa emporter par lui.

Ils firent ainsi le tour du Monde d'en Haut sans que l'ours s'aperçût qu'il avait un cavalier. Mais lorsqu'ils approchèrent du but, le jeune homme mordit l'oreille de l'ours. Celui-ci, surpris, arrêta sa course et lâcha la boule dont s'empara aussitôt le jeune homme pour finir le premier.

– Bien joué ! s'exclama l'ours blanc qui l'avait accueilli. Puisque tu es si malin, désormais, c'est toi qui promèneras le soleil autour du monde.

Et c'est ainsi que Petit Fils devint le porteur du soleil.

Mais si l'histoire s'arrête là, peut-on penser qu'il ne cessa de chercher sa jolie femme au visage rond et blanc comme la neige ? Ou peut-être qu'il finit par la trouver dans le Monde d'en Haut puisqu'elle était devenue la Lune.

La Légende du rocher de Percé

Au large de Percé, un ancien village de pêcheurs, qui est aujourd'hui un centre touristique réputé, se dresse un immense rocher qui a la forme d'un navire. Des géologues ont expliqué sa formation ancienne mais on croit que l'existence de ce fameux rocher n'est peut-être pas due à de seuls phénomènes géologiques. La légende offre une autre explication.

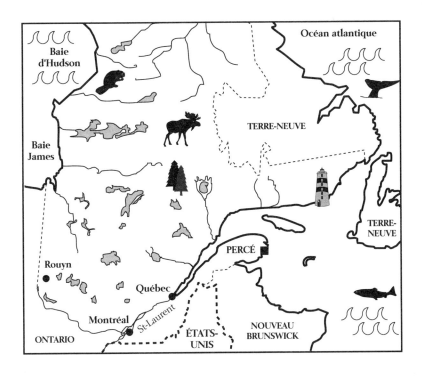

Au temps où le drapeau du roi de France flottait sur les bastions de Québec, Raymond de Nérac, un jeune officier dont le régiment était stationné à Versailles fut appelé pour aller combattre, en Nouvelle-France, les ennemis de la colonie naissante. Les Anglais et les Iroquois faisaient, là-bas, des ravages et il fallait à tout prix porter secours aux colons.

L'ordre était de se rendre à Saint-Malo où un navire allait appareiller pour amener le régiment dans ce lointain pays. Le jeune militaire était enchanté de servir mais une seule chose atténuait son ardeur et son courage. C'est qu'il était amoureux d'une jeune fille, belle et vertueuse, et ses projets de mariage étaient très avancés. Comment partir de bon cœur au bout du monde quand on laisse derrière soi une fiancée jolie, aimante et courtisée par d'autres galants ?

Le devoir et l'honneur finirent par l'emporter sur les sentiments amoureux et Raymond de Nérac fit de touchants adieux à sa belle avant de s'embarquer. Les fiancés se jurèrent

fidélité en comptant que le jeune officier serait rappelé en France après quelques mois de service.

Mais les saisons s'écoulaient et le régiment de France n'était pas rappelé ; la jolie fiancée, Blanche de Beaumont, languissait. Heureusement, l'oncle de la jeune fille reçut du roi la permission d'aller faire en Nouvelle-France la traite des fourrures. La famille consentit à ce que Blanche partît avec lui rejoindre son fiancé et c'est là-bas, au pays des neiges, qu'elle allait enfin se marier avec celui que son cœur avait élu.

On versa des larmes au départ de la jeune fille tout en formulant des vœux pour une heureuse traversée. Mais Blanche ne pensait pas aux dangers : elle se prépara donc au voyage avec entrain et elle quitta le rivage de France avec allégresse en compagnie de son oncle, chargé de veiller sur elle.

On était en juin et le long voyage s'effectuait normalement. Déjà, après dix jours de navigation, Blanche scrutait l'horizon avec une grande impatience car on approchait des côtes de la Nouvelle-France.

Et, un matin, on vit surgir au-devant non pas des terres recouvertes de vertes forêts mais un vaisseau à l'allure singulière. L'équipage examina son drapeau et s'émut : c'était un vaisseau pirate !

Le navire fondit toutes voiles dehors sur le galion français si bien que l'équipage n'eut guère le temps de se préparer à la lutte.

Des coups de canon firent tomber les deux grands mâts et bientôt les pirates montèrent à bord et ce ne fut plus que batailles sanglantes, cris et coups d'épées et de mousquets. Les Français repoussèrent vaillamment les attaquants en les forçant à quitter le pont et le gaillard mais leur capitaine donna subitement ordre d'aller fermer les écoutilles pour empêcher

les matelots d'y chercher refuge. Il était corsaire après tout ! et il souhaitait qu'on se batte jusqu'à la mort !

Une rage féroce s'empara alors des assaillants et ils redoublèrent d'ardeur. Au milieu du tumulte, Blanche de Beaumont tentait de porter secours aux blessés et aux mourants mais bientôt les Français, à bout de ressources, durent se rendre. On s'empara des tonneaux de vivres ; on acheva les survivants et on jeta les cadavres à la mer. Sur le navire dévasté, il ne restait de vivante qu'une jeune fille tremblante, pleurant la mort de son oncle. Blanche, épuisée et accablée de chagrin et de peur, s'écroula sur le pont et perdit connaissance.

Le capitaine des pirates la réclama comme sa part à lui. Il la transporta lui-même dans ses bras jusqu'à son propre bateau, en lui murmurant à l'oreille : « Vous serez ma femme ! »

Quand elle reprit ses sens, Blanche se trouva seule au milieu des marins pirates. Elle eut beau supplier qu'on la tuât, le capitaine ne se laissa pas attendrir.

– Je suis fiancée ! cria-t-elle dans son désespoir. Raymond de Nérac, capitaine au régiment de France, est le seul époux que je veux !

Elle se tenait devant lui droite et fière et les yeux baignés de larmes quand le capitaine, irrité et dépité, lui demanda avec sarcasme :

– Et où donc est ce jeune homme que désire votre cœur ?

– En Nouvelle-France, répondit-elle, où il défend la colonie avec courage.

– Ah, il est en Nouvelle-France...

Et il ordonna sur-le-champ de faire voile pour Québec tandis qu'il enferma la jeune femme dans une toute petite cabine sombre, sous étroite surveillance.

Quelques jours plus tard, on la mena sur le pont pour apercevoir au loin la terre, une terre couverte de forêts et de végétation. Son cœur se serra.

– Voici la Nouvelle-France, lui annonça le capitaine avec un méchant sourire.

Elle était enfin arrivée devant cette contrée dont elle avait rêvé mais elle comprit, en voyant le regard du capitaine sur elle, que jamais il ne la laisserait descendre et retrouver son fiancé. Il s'approcha et l'enlaça en donnant ordre de préparer un festin.

– Ce soir, tu deviendras mon épouse, fit-il

Blanche ressentit une si vive douleur qu'elle s'échappa brusquement des liens qui la retenaient et d'un mouvement rapide elle se précipita dans la mer. On eut beau lancer une embarcation pour tenter de la ramener, les vagues s'élevèrent et emportèrent son corps pour toujours au fond des eaux du golfe.

Le capitaine des pirates cracha de dépit. Avec la disparition de Blanche un malaise se répandit parmi les membres de l'équipage. Les matelots corsaires avaient beau être de féroces gaillards, ils étaient superstitieux. D'étranges pressentiments agitaient leurs esprits. Le capitaine lui-même regrettait sa malheureuse victime. Il devint taciturne.

Le jour qui suivit la mort de Blanche, le navire poussé par un vent très fort arriva en vue du rocher de Percé, une masse rocheuse qui surprit l'équipage par son allure sauvage et majestueuse. Le capitaine, mû sans doute par quelque désir secret, fit approcher le plus près possible des falaises.

Tous les yeux étaient portés sur l'étonnant paysage quand ils virent soudain paraître, à la pointe du rocher, le spectre de Blanche de Beaumont avec ses cheveux flottant dans le vent. Tous, à bord, furent saisis de stupeur.

Les mains levées au-dessus de la tête comme dans une malédiction suprême, le spectre de la jeune fiancée semblait si proche qu'un cri de frayeur s'échappa de toutes les poitrines. L'apparition abaissa les mains dans la direction du vaisseau et à ce moment, le navire fut changé en une masse compacte de roc.

Petit à petit, sous l'assaut des vagues et du vent, les rochers autour s'effritèrent mais celui qu'on peut voir encore à l'entrée de la rivière, près du Cap des Rosiers, conserve toujours la forme d'un vaisseau.

Quand les brouillards s'élèvent sur le golfe du Saint-Laurent et qu'ils entourent le rocher de Percé, on distingue parfois le spectre d'une jeune fille qui vient contourner le vaisseau fantôme comme pour s'assurer que la malédiction pèse toujours sur lui et son équipage. Car ces oiseaux de mer aux cris sauvages ne sont nuls autres que les marins pirates condamnés à voler alentour pendant l'éternité.

95

Kugaluk
et les géants

Adapté d'un conte inuit.
Chez les Inuits qui habitent le Nunavik,
c'est-à-dire l'extrême nord du Québec, la tradition
orale transmet les croyances et les grands mythes
de la création. Cette histoire raconte comment
naquit le brouillard.

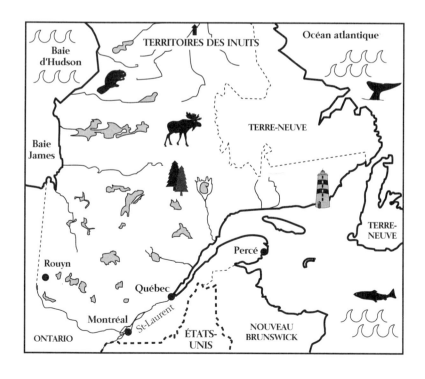

A̲u pays des Inuits un géant semait la terreur parmi les chasseurs de phoques. Il repérait facilement les chasseurs solitaires sur les grandes étendues de glace de la banquise. Tous les habitants avaient peur d'être attrapés par ce géant ou par sa femme, géante elle aussi. On dit qu'elle était aussi vorace que son mari. Ces deux géants emportaient les chasseurs qu'ils capturaient dans leur maison pour les dévorer et on n'en entendait plus jamais parler.

Aussi, quand un chasseur partait sur la banquise, la peur des géants restait présente en lui jusqu'à ce qu'il fût de retour chez lui.

Un jour que Kugaluk attendait qu'un phoque montrât le bout de son nez, il vit le géant qui venait vers lui. Il savait qu'il ne pouvait pas se sauver car il n'y avait que l'immensité de la neige et de la glace autour de lui, nulle part où se cacher. Sans hésiter, Kugaluk s'allongea par terre. Il retint son souffle et fit comme s'il était mort.

Le géant s'approcha de lui. Il l'examina attentivement pour voir s'il respirait.

– Il est bien mort, dit-il tout haut. Il est gelé dur.

Le géant saisit Kugaluk et l'attacha sur son dos à l'aide d'une longue lanière de nerf de caribou. Il se mit en marche. Kugaluk ne bougeait pas, mais de temps en temps, il ouvrait les yeux pour voir où il était.

Le géant marcha longtemps sur la neige, puis il se dirigea vers un endroit où poussaient des arbustes touffus.

Kugaluk pensa : « Si je m'agrippe aux branches, j'arriverai peut-être à fatiguer le géant. »

Bientôt, le géant se fraya un chemin à travers les saules nains. Kugaluk saisit les branches qu'il voyait à la portée de ses mains. Le géant tirait fort pour se dégager. Il faillit tomber plusieurs fois.

99

Kugaluk répéta son geste à maintes reprises. Le géant dut s'arrêter pour se reposer tant cette marche à travers les saules nains l'épuisait. Il ne soupçonnait pas que c'était à cause de Kugaluk. Il fut obligé de s'asseoir pendant un bon moment pour reprendre son souffle. Puis, hésitant, il vérifia tout de même encore une fois si l'homme qu'il transportait était bien gelé.

Kugaluk retint sa respiration et resta raide. Le géant reprit son fardeau et continua son chemin.

Kugaluk le fit trébucher tout le reste du voyage. Il était tard lorsque le géant finit par arriver chez lui ; il était très fatigué. Il entra dans la maison et dit à sa femme :

– J'ai trouvé un homme mort que nous mangerons demain.

Il déposa Kugaluk dans un coin de l'iglou, jeta sa hachette sur le sol et se coucha aussitôt pour dormir.

Du coin de l'œil, Kugaluk examina l'iglou. Il vit la lampe qui brûlait. Il pouvait distinguer les formes du géant et de sa femme, qui dormaient.

Sans bruit, il tâta le sol et sa main rencontra la hachette du géant. Il la prit et resta tranquille. Puis, il se souleva doucement et, sans bruit, trancha la gorge du géant endormi.

Il craignait que la femme ne s'éveillât mais elle ne bougea pas. Alors, Kugaluk se mit debout et se précipita dehors. Il se mit à courir à toute vitesse sur la neige. Il regarda derrière lui : personne ne le poursuivait.

Alors, il ralentit sa course tout en continuant de regarder derrière lui. Il se croyait sauvé mais voici qu'apparut au loin la géante. Elle avançait droit sur lui, son ulu[1] à la main.

Kugaluk rassembla ses forces mais ses jambes ne voulaient plus courir. Il se sentit perdu. Malgré son affolement, il se rendit compte qu'il traversait un bras de mer couvert d'une épaisse couche de glace brillante. Une idée lui vint.

Il saisit la hachette et se mit à frapper le sol à coup répétés. Une rivière bouillonnante surgit aussitôt et barra le chemin à la géante qui accourait. Elle s'arrêta au bord de l'eau et cria :

– Comment as-tu traversé la rivière ?

– Je l'ai bue, répondit Kugaluk en tremblant.

Alors la géante se mit à boire la rivière. Son estomac était à moitié plein et déjà elle se préparait à sauter par-dessus ce qui restait d'eau.

– Il faut tout boire ! cria Kugaluk désespéré.

Car il pensait : « Que puis-je faire contre la géante avec une pauvre hachette ? »

100

---

1. Ulu : couteau à deux manches et à la lame courbée.

Soudain un bruit épouvantable se fit entendre et un épais brouillard s'étendit sur toute la toundra. C'était la géante qui avait explosé en crevant.

Kugaluk ne voyait rien ; il ne savait plus dans quelle direction aller. Il réussit tant bien que mal à s'orienter et retourna chez lui sans rencontrer personne.

Lorsqu'on apprit, au village, comment Kugaluk avait réussi à débarrasser le pays du géant mangeur d'hommes et de sa femme, on fit une grande fête.

C'est depuis ce jour que le brouillard existe. Il s'étend parfois sur la toundra obligeant les chasseurs de phoques à rester sur place et à attendre le retour du ciel clair. Durant ces moments d'attente immobile ils n'ont plus peur de rencontrer les géants car chacun se rappelle l'exploit de Kugaluk.

101

La Bourse du coq

*La vie est bien peu reposante pour ce couple
de paysans pauvres. Ils se chamaillent sans cesse.
La découverte d'une bourse pleine d'écus ne fera
qu'empirer la situation. Mais leur vieux coq chante
d'une bien drôle de façon ! Qui aurait cru
que grâce à ce cocorico la paix reviendrait
dans le ménage ?*

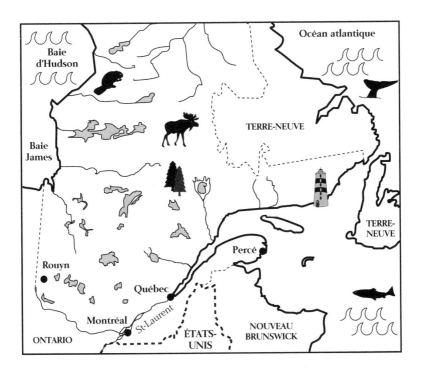

*I*l était une fois un vieux couple. Un mari plutôt morose ; une femme plutôt aigrie et tous deux sans ressources, sans métier, sans un bout de pain à se mettre sous la dent. Ils vivotaient chichement et leur extrême pauvreté était la source de bien des chicanes. Ils ne possédaient qu'un vieux coq et c'est lui qui changea leur vie. Voici comment ça se passa.

Un matin, en grattant la terre, le coq découvrit une petite bourse de cuir remplie de pièces d'argent. Oh ! la belle affaire ! Pour ces deux-là, c'était une véritable fortune. On pourrait penser que cette découverte aurait dû apporter la paix dans le ménage mais ce fut tout le contraire qui arriva. En effet, la vieille avait vu la bourse en premier et elle s'empressa de la cacher pour que son mari ne pût pas la trouver. Mais c'était compter sans le coq qui avait tout vu.

Quand le mari rentra du bois où il était allé ramasser des branches mortes, le coq se jucha sur la fenêtre et se mit à chanter :

– Rendez-moi ma bourse ! Rendez-moi ma bourse !

Le mari, fort étonné, demanda à sa femme si elle savait ce que ça voulait dire.

– Ce coq est fou ! s'écria-t-elle. Aussi fou que toi ! Repars donc dans la forêt et emmène-le avec toi ! Vous ne valez pas gros, l'un comme l'autre.

Sur ce, la chicane reprit de plus belle. Alors, le vieux déclara :

– Très bien, je m'en vais ! Et j'emporte le coq.

– Pas question, dit la vieille. Il faut le séparer en deux parties égales.

Le mari alla chercher un grand couteau.

– Quelle part veux-tu ? demanda-t-il.

– Le derrière ! dit la vieille. Je vais me faire un bon ragoût.

105

Et hop ! le vieux coupa le coq en deux et partit avec la portion qui lui revenait. Mais comme il avait bien aimé son coq il hésitait à le faire cuire, alors il lui fabriqua un derrière avec un morceau de toile qu'il bourra de paille. Le coq semblait tenir le coup et le vieux s'en alla, son demi-coq sous le bras.

Après avoir marché deux ou trois semaines, errant de village en village, quêtant et se faisant engager pour de menus travaux, il se sentit bien las et misérable, surtout que l'automne arrivait et le vent et la pluie le faisaient bien souffrir.

Il s'assit au bord du chemin et se mit à réfléchir. Il se dit qu'il vaudrait peut-être mieux rentrer à la maison et endurer les misères de sa femme car la vie de vagabond le désolait. Il se leva d'un pas déterminé, il reprit la route pour retrouver son logis, son coq sous le bras.

Il vit venir tout à coup tout un essaim d'abeilles bourdonnantes qui s'adressèrent au coq en ces mots :

– Mon bon coq, voici venir l'hiver et le froid ; veux-tu nous emmener avec toi ?

– Bien sûr, répondit le coq, montez dans mon derrière de paille et vous y serez chaudement logées.

Les abeilles ne se firent pas prier et entrèrent dans le derrière du coq. Le vieux se remit en marche.

Rendu au milieu du bois qu'il lui fallait traverser, il vit venir un loup qui s'adressa au coq en ces mots :

– Bon coq ! Voilà bientôt l'hiver qui arrive ; il va faire froid. Veux-tu m'emmener avec toi ?

– Volontiers, dit le coq ; monte dans mon derrière de paille.

Et le vieux se remit en marche, son coq rapaillé sous le bras.

Lorsqu'il eut traversé le bois et qu'il fut en vue de sa maison, il rencontra une source limpide qui sortait de terre sous un gros caillou.

– Bon coq, lança la source ; tu sais que le froid qui s'en vient va me geler tout rond ; veux-tu m'emmener avec toi ?

– Bien sûr, dit le coq. Monte dans mon derrière de paille.

Et le vieux mari approcha doucement de sa maison. Il regarda par la fenêtre et vit sa femme attablée devant une bonne soupe. Il alla déposer le coq dans sa vieille grange et revint chez lui. Sa femme, qui semblait de fort bonne humeur, lui servit un bon repas ce qui l'enchanta car il avait marché toute la journée sans manger. La vieille garda sa bonne humeur toute la soirée et invita son mari à demeurer avec elle, sans lui faire de reproches. Il était si content de retrouver

la paix du foyer qu'il alla se coucher le sourire aux lèvres. On les aurait cru réconciliés.

Mais au petit matin, ce fut une autre affaire. Dès le premier rayon de soleil, le coq se jucha sur la fenêtre et se mit à chanter :

– Rendez-moi ma bourse ! Rendez-moi ma bourse !

La vieille entra dans une terrible colère.

– Comment ? Tu as eu l'audace de ramener ce coq enragé ! Va l'enfermer tout de suite dans la bergerie. Les deux moutons que j'ai achetés ne vont faire qu'une bouchée de son derrière de paille que tu lui as posé.

Le vieux prit son coq à regret pour le porter à la bergerie. La mort dans l'âme, il se demandait bien ce qui allait arriver... quand le coq, à peine entré, appela le loup à son secours.

– Sieur Loup, si tu veux passer un hiver au chaud, dit-il, c'est le temps de venir à mon secours. Débarrasse-moi de ces moutons.

Le coq n'eut pas besoin de répéter l'invitation. Le loup sauta sur les moutons et les égorgea dans l'instant.

Le coq revint se jucher sur la fenêtre et se remit à chanter :

– Rendez-moi ma bourse ! Rendez-moi ma bourse !

– Comment ! s'écria la vieille, tu n'as pas porté le coq à la bergerie ?

– Oui, je l'ai porté.

La vieille alla voir et trouva ses deux moutons égorgés. Elle rentra chez elle, folle de rage, et dit à son vieux mari :

– Ton coq a égorgé mes moutons. Ça suffit ! Jette-le dans le four que je viens d'allumer pour faire cuire le pain.

Le vieux, qui avait promis de conserver la paix, se leva pour jeter le coq dans le four. Mais le coq appela la source à son secours :

– Eau de source, si tu ne viens pas éteindre le feu, tu ne pourras passer l'hiver chaudement avec moi !

La source ne demandait pas mieux que d'éteindre le feu ce qu'elle fit en rassemblant ses gouttelettes.

Puis, le coq retourna se jucher sur la fenêtre et chanta :

– Rendez-moi ma bourse ! Rendez-moi ma bourse !

– Comment ! hurla la femme en colère. Tu n'as pas mis le coq dans le four comme je te l'avais dit ?

– Oui, je l'y ai mis.

La vieille alla voir et trouva son four éteint. Elle était tellement fâchée qu'elle empoigna le coq et dit :

– Cette fois, c'est moi qui vais lui tordre le cou !

Elle mit le coq entre ses deux genoux mais le coq dit aussitôt :

– Abeilles, abeilles, venez à mon secours sinon vous ne pourrez pas passer l'hiver dans mon derrière de paille.

À cet appel, les abeilles sortirent et se mirent à piquer la vieille à tel point qu'elle criait et se lamentait, si bien qu'elle finit par dire :

– Ôte tes abeilles, coq, et je te rendrai ta bourse !

Le coq fit rentrer les abeilles et la vieille alla chercher la bourse de cuir qu'elle lui donna. Le coq donna la bourse à son maître en reconnaissance pour le derrière de paille qu'il lui avait posé.

Le maître, ayant la bourse en main et de quoi vivre, fit régner la paix dans le ménage. Et le coq, malgré son derrière de paille, vécut encore de nombreuses années.

Le Beau Danseur

La légende du diable qui se déguise en beau jeune homme pour mieux ravir une jolie femme est fréquente. Ici, l'événement se déroule pendant une veillée de mardi gras, comme il y en avait beaucoup dans les villages et campagnes du début du siècle.

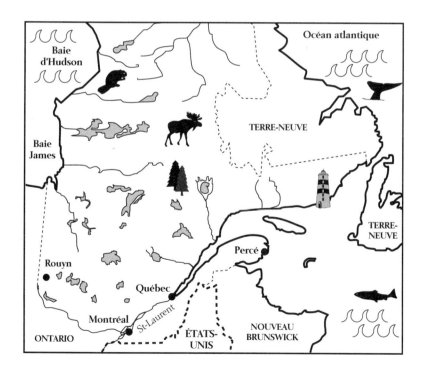

*I*l y avait autrefois un nommé Latulipe qui avait une fille appelée Rose dont il était fou. Elle était la plus jolie des jeunes filles ; sa peau était douce, ses joues roses, sa chevelure brune bouclée, ses gestes gracieux. Son père l'adorait et lui passait tous ses caprices.

La jolie Rose avait un fiancé qui se nommait Gabriel. Elle aimait bien son amoureux mais ce que Rose aimait encore plus c'était les divertissements. Elle cherchait toujours prétexte, une fête ou un événement quelconque, pour demander à son père de convier des musiciens et des « jeunesses[1] » chez eux pour une veillée.

Quelques jours avant le mardi gras, elle se mit à tourmenter son père :

---

1. Jeunesse : jeunes gens.

– Feriez-vous venir le violoneux du rang voisin, Père ? On dit qu'il joue à merveille. On ferait un petit bal pour le mardi gras ! Dites oui ! oh ! dites oui, suppliait Rose.

Le père Latulipe se laissa tourmenter un jour, deux jours et à la fin, de guerre lasse, il consentit.

– Mais ma fille, dit-il, il faudra faire attention. Je ne veux pas qu'on danse après minuit ! Le carême commence le lendemain et il faut faire pénitence.

Rose, folle de joie, embrassa son père et promit de respecter la tradition. Elle passa le reste de la semaine à préparer sa toilette, à décorer la salle. Enfin le mardi gras arriva.

Dans la campagne, les nouvelles vont vite. Quand on sut qu'il y avait bal chez Latulipe, ce ne fut pas un seul violoneux qui se présenta. Il en vint trois et des meilleurs !

111

Si bien que la fête fut magnifique. On riait, on dansait avec tant d'ardeur et de plaisir que le plancher en craquait. Au-dehors une tempête de neige s'était déclarée mais personne n'y faisait attention. Le bruit des rafales de vent était entièrement couvert par le son des violons qui entraînaient les danseurs dans des cotillons et des rigodons étourdissants.

Rose était gaie comme un pinson : elle ne manquait pas une danse, acceptant toutes les invitations. Son fiancé Gabriel se sentait un peu délaissé mais, voyant sa Rose si heureuse et si enjouée, il prit son mal en patience en songeant qu'ils seraient bientôt unis pour la vie.

Tout à coup, au milieu d'un rigodon, on entendit une voiture s'arrêter devant la porte. Plusieurs personnes coururent aux fenêtres pour tenter de distinguer le nouveau venu à travers la neige collée aux carreaux.

Ils virent d'abord un magnifique cheval noir et puis un grand gaillard tout couvert de neige et de frimas qui s'avança sur le seuil. On s'arrêta de parler et de chanter et l'inconnu entra. Il secoua la neige de ses bottes et de son manteau et on remarqua l'élégance de son costume de fin velours tout noir.

– Puis-je m'arrêter dans votre maison quelques instants ? demanda-t-il.

Le maître de maison, le père Latulipe, s'avança vers lui et dit :

– Dégreyez-vous[1], monsieur, et venez vous divertir. Ce n'est pas un temps pour voyager !

L'étranger enleva son manteau mais refusa de se débarrasser de son chapeau et de ses gants.

– Une coutume de seigneur, chuchotèrent les curieux regroupés autour de lui.

Tout le monde était impressionné par l'arrivée de ce nouveau venu. Les garçons étaient pleins d'admiration pour le cheval noir qui était attaché au poteau de la galerie. Ils lui trouvaient le poil brillant et l'allure altière des pur-sang mais ils s'étonnaient de constater que là où ses sabots étaient posés, la neige avait fondu complètement. Drôle de bête, pensaient-ils.

Les demoiselles, elles, examinaient en rougissant le bel homme élégant. Chacune d'elles, dans le secret de son cœur, espérait que ce survenant[2] allait l'inviter à danser.

Mais c'est vers Rose qu'il alla.

– Mademoiselle, lui dit-il en la fixant de ses yeux de braise, voulez-vous danser avec moi ?

112

---

1. Se dégreyer : retirer ses vêtements d'extérieur.
2. Survenant : visiteur inattendu.

113

Il va sans dire que Rose ne se fit pas prier, sentant peser sur elle le regard de toutes ses compagnes qui l'enviaient. L'inconnu entraîna aussitôt la jeune fille dans un quadrille, puis lui en fit danser un autre ; les violoneux ne s'arrêtaient pas et on enchaîna avec des reels[1] et des cotillons.

Rose ne pouvait plus s'arrêter de danser : c'était comme si elle ne pouvait plus se détacher des bras de son partenaire. Tous les invités les regardaient évoluer ensemble en louant leur élégance. Comblée de bonheur, Rose oublia totalement Gabriel qui s'était retiré dans un coin, mal à l'aise.

– Voyons, donc, Gabriel ! lui lança Amédée, un jovial paysan, en lui tendant un gobelet plein de caribou[2]. Prends pas cet air d'enterrement ! Sois gai, bois et profite de ta jeunesse !

Mais Gabriel eut beau boire plus que sa soif le lui commandait, son cœur était douloureux. Et Rose, sa belle Rose, les joues en feu, continuait de tourner avec le beau jeune homme.

Soudain, on entendit sonner le premier coup de minuit. Le père Latulipe regarda l'horloge. Les danseurs s'arrêtèrent et les violons se turent.

– Il est minuit, fit l'hôte. Le mercredi des Cendres est arrivé, alors, je vous demande de vous retirer.

Rose vint pour se dégager mais son compagnon serra ses deux mains dans les siennes.

– Dansons encore, lui murmura-t-il.

---

1. Reel : danse vive et animée.
2. Caribou : boisson faite d'un mélange de vin et d'alcool.

Rose ne voyait plus les gens autour d'elle qui retenaient leur souffle. Ni sa mère, ni son père, ni Gabriel... Rose était envoûtée par la voix et le regard de son compagnon et voilà que, sans l'aide de la musique, les deux danseurs reprirent les pas du cotillon et se remirent à danser, danser, danser...

Les autres s'étaient figés. Personne ne bougeait. L'hôte hésitait à intervenir. Puis, le tourbillon ralentit. L'étranger saisit un gobelet plein sur la table, le leva en criant :

– À la santé de Lucifer !

Ses yeux lançaient des éclairs, une flamme bleue jaillit de son verre, faisant reculer les invités effrayés. Mais il ne lâchait pas Rose qu'il tenait fermement. Puis, se penchant vers elle, il déposa sur sa bouche un baiser brûlant.

Au même instant, le tonnerre éclata dans le ciel au-dessus du toit ; dans un brouhaha de cris et de hurlements, la maison prit feu. Dans la confusion qui suivit, on ne vit pas l'homme en noir lâcher la main de Rose et s'enfuir dans la nuit sur son cheval.

115

Au petit matin, il ne restait que des cendres de la maison des Latulipe. Et Rose, réfugiée chez les voisins, était vieillie de cinquante ans. Ses cheveux bruns avaient la couleur de la cendre. Ses joues roses et rebondies la veille étaient pâles et toutes ridées. Et sur ses lèvres on voyait la trace d'une brûlure toute fraîche. C'était la trace du baiser qu'elle avait reçu du diable !

Marguerite
et le mari jaloux

Marguerite subit avec patience et résignation
les colères de son mari jaloux. Un jour, une visite
inattendue lui offrira l'occasion de se débarrasser
définitivement de lui.

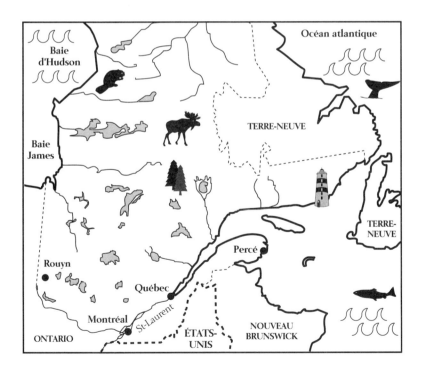

*I*l était une fois une femme, Marguerite, qui avait épousé Julien, un bossu. Peu de temps après son mariage, elle découvrit que son Julien était jaloux. Jaloux que c'en était une maladie.

Ce Julien était vendeur de chaussures. Tous les jours, il emplissait sa voiture de boîtes de chaussures pour aller les vendre dans les paroisses avoisinantes. Mais souvent, après deux ou trois heures d'absence, la jalousie le prenait et il rentrait à la maison pour surprendre sa femme.

Un bon matin, il dit à Marguerite :

– Ce matin je pars et je te déclare que je ne reviendrai pas avant demain soir.

Sa femme, qui ne le croyait pas, lui dit :

– Tu feras bien comme de coutume, tu reviendras à la course quand ta jalousie te reprendra.

– Pas d'affaire ! Cette fois, je ne reviens pas avant demain soir, répliqua Julien.

Et il s'en va, sa voiture bien chargée de chaussures à vendre. Et à peine a-t-il quitté la place qu'arrivent devant la maison trois bossus... Trois bossus ! Marguerite les regarde : ils ont chacun une bosse dans le dos, ils ont l'air affamés, mais plutôt joyeux. Elle se dit que ces bossus sont des infirmes comme son mari. Et l'un d'eux l'interpelle :

– Ma bonne dame, vous pourriez pas nous donner à manger ? Ça fait longtemps qu'on n'a pas mangé.

Prise de pitié pour les trois infortunés, Marguerite répond :

– Bien sûr que je vais vous donner à manger. Entrez donc, mon mari est absent.

Et Marguerite leur prépare des crêpes et les trois bossus se régalent en racontant des histoires car, on a beau être bossu, on peut aimer la rigolade. Soudain, Marguerite entend les pas d'un cheval lancé au galop. C'est Julien qui revient !

– Mes amis vous êtes morts ! Voilà mon mari qui rentre ; c'est certain qu'il va vous tuer.

Au fond de la salle il y avait un grand coffre de six pieds de long. Vite, elle l'ouvre et pousse les bossus qui entrent tous les trois dedans. Elle saute sur le couvercle pour bien le fermer et tourne la clef dans la serrure. Et voilà Julien qui entre, les yeux pleins de soupçons. Il ouvre les armoires, fouille la maison, culbute le grand coffre dans une grande fureur. Mais il ne trouve rien. Il dit alors à sa femme :

– Je vois bien que la jalousie ne m'a pas lâché. Mais je vais repartir et je ne reviendrai que demain. Je le promets.

Marguerite est tellement bouleversée qu'elle court chez une voisine et oublie les bossus dans le coffre. Quand elle revient, au bout de quelques heures, elle ouvre le coffre et constate que les trois hommes sont morts.

119

– Mon Dieu ! ils sont morts comme trois clous. Comment est-ce que je vais m'en débarrasser ?

Marguerite se dit qu'elle doit faire vite. Qui sait si le Julien ne va pas être repris de sa jalousie ? Elle part au village et engage un charretier pour aller jeter un bossu mort à la rivière.

– Deux piastres que ça va vous coûter.

– D'accord, dit Marguerite en s'empressant de retourner chez elle pour préparer le chargement.

Rendue là, elle tire les bossus hors du coffre. Ils sont raides comme des barres de fer. Elle en prend un et le hisse debout sur la galerie appuyé sur un poteau. Et voilà que le charretier arrive :

– Où c'qui est votre bossu ? demande-t-il.

– Monsieur, le voici, dit-elle indiquant celui qui est sur la galerie.

Le charretier le prend et le hisse dans sa charrette. Arrivé au bord de la rivière, il attrape le bossu, une poigne sur le cou et l'autre par le fond de ses culottes et il le lance dans la rivière. Satisfait, il revire de bord et s'en va chercher sa paye.

Pendant ce temps, Marguerite prend le deuxième bossu et le dispose comme l'autre, bien appuyé sur le poteau de la galerie. Quand le charretier arrive, il dit :

– Voilà madame. Maintenant, payez-moi.

– Comment ça « payez-moi » ! Je vous paierai quand vous aurez fait votre ouvrage ! Votre bossu est toujours là.

Vous comprenez que le charretier n'est pas de bonne humeur. Il rattrape le maudit bossu et le remet dans sa charrette. Arrivé au bord de la rivière, il le saisit par le fond de culotte et le projette de toutes ses forces au beau milieu de la rivière en criant :

– Cette fois, tu reviendras pas de là, c'est moi qui te le dis !

Et il retourne chez Marguerite et réclame son argent. Et elle, pendant ce temps, a sorti le troisième bossu et l'a mis à la place des autres.

– Deux voyages pour un, sûrement que j'ai gagné ma paye !

– Comment, monsieur ? Vous payer ? Faites donc votre ouvrage avant de réclamer vos deux piastres !

– Mais j'ai déjà fait deux voyages ! proteste le charretier.

– Pourtant, votre bossu est toujours là, dit-elle en désignant le corps piqué droit debout sur la galerie.

Cette fois le charretier est en colère, il attrape le bossu et le mène pas poliment. Arrivé à la rivière, il le lance si fort qu'il traverse quasiment le cours d'eau. Le courant l'emporte et le charretier hurle :

– Cette fois, c'est juré que je ne te reverrai plus !

Tandis que ceci se déroule, le Julien, son mari bossu, est repris par sa maladie. D'affreux doutes l'assaillent et il revient donc à la course sans sa voiture vers la maison. Le charretier, sa tâche accomplie, vire sa charrette de bord et que voit-il venir en bas du pont ? Le bossu !

– Ah ! s'écrie-t-il, je t'ai tiré par ici, et tu reviens par là ? Bien cette fois tu ne passeras pas !

Et comme Julien monte sur le pont, le charretier se plante devant lui, l'attrape et le lance dans la rivière.

Et c'est ainsi que le charretier a débarrassé Marguerite non seulement de trois bossus mais aussi de son mari jaloux. Elle s'est empressée de lui donner les deux piastres qu'elle lui avait promises. On peut dire qu'il les avait bien méritées.

L'Ours et le Renard

Ce récit est adapté d'un conte populaire de Sainte-Anne-de-la-Pocatière. Autrefois, on appelait commère et compère les marraine et parrain d'un nouveau-né. Le baptême était un événement important et être demandé pour être compère ou commère donnait une certaine importance. Le cortège des parents se rendait avec l'enfant à l'église, souvent le jour même de la naissance, et les membres de ce groupe qu'on appelait un compérage faisaient ensuite la fête.

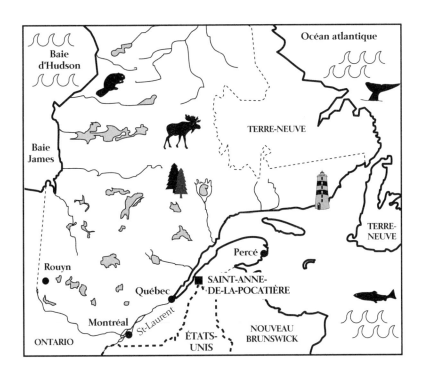

Un ours et un renard étaient voisins. L'ours se débrouillait très bien pour garnir son garde-manger et le renard le savait. Il comptait sur sa ruse pour profiter du fait que l'ours avait rangé dans une cache un plat rempli d'une délicieuse motte de beurre frais.

Alors, un matin d'hiver, le renard s'arrêta devant la grotte de l'ours qui dormait et se mit à hurler. Il hurlait à tue-tête.

L'ours sortit la tête de sa grotte et demanda :

– Hé ! l'ami, qu'as-tu donc à tant hurler ?

– Ah ! J'ai des ennuis !

– Quels ennuis ?

– On m'appelle pour être compère. Mais ça m'ennuie d'y aller.

– Vas-y donc. On te donnera à manger et tu te rempliras la panse. Si on m'appelait, moi, je serais heureux d'accepter au lieu de me lécher la patte tout l'hiver !

– C'est un bon conseil, dit le renard.

Et il s'en alla. Mais il n'alla pas très loin. Il fit un demi-tour et, sans bruit, il entra dans la cache de l'ours par-derrière la grotte, où était rangé le plat garni de beurre. Le renard mangea du beurre tout son soûl et lorsqu'il eut fini, il retourna à l'avant de la grotte et se mit à hurler de nouveau. L'ours sortit sa tête et demanda :

– Comment appelles-tu ton filleul ?

– Je l'ai appelé Commencé.

– C'est un beau nom, cher renard, dit l'ours. S'il est bien Commencé, il a encore loin à courir.

– Que c'est vrai ! fit le renard en saluant l'ours.

Le lendemain matin, le renard revint s'asseoir juste devant l'ouverture de la grotte qui servait de logis à l'ours et il se mit à hurler. Il hurlait à fendre l'âme. L'ours se réveilla, sortit la tête dehors et demanda :

– Qu'as-tu donc, l'ami, à tant hurler ?

– Ne m'en parlez pas. On m'appelle encore pour être compère et je ne veux pas y aller.

– Vas-y donc. On te soigne si bien lorsque tu es compère. Tu reviens la panse bien rebondie.

– Vous avez raison.

Le renard partit aussitôt et, faisant demi-tour, il alla droit à la cache de l'ours, où il mangea le beurre du plat jusqu'à ce qu'il n'ait plus faim. Puis, il revint devant la grotte et recommença ses hurlements.

– Comment as-tu nommé ce filleul-là ? demanda l'ours.

– Je l'ai nommé Moitié.

– Moitié ! C'est un beau nom, cher renard. Avec un nom comme celui-là, il en a encore grand à courir.

– Ah ! mais oui ; sauf qu'il n'en a pas autant que l'autre qui était Commencé !

Le renard s'en alla. Le lendemain il revint se poster devant la grotte et il recommença à hurler de plus belle. L'ours se réveilla, sortit le museau dehors et demanda :

– Pourquoi tant hurler, l'ami ?

– On ne cesse de m'appeler pour être compère. Mais je ne veux plus y aller.

– Tu ne devrais pas te faire tant prier. Quand tu es compère tu reviens toujours la panse bien remplie. Si on m'invitait, moi qui me lèche la patte tout l'hiver, je ne me ferais pas longtemps tirer l'oreille.

Et encore une fois, le renard fit mine de suivre le conseil de l'ours en allant à la cache. Là, il mangea tout le beurre qui restait jusqu'au fond du plat. Au retour, il se posta devant la grotte et se mit à hurler une dernière fois.

L'ours sortit encore le museau et demanda :

– Comment l'as-tu appelé, ton filleul ?

– Je l'ai appelé Fond-léché.

– Ah ! quel beau nom, cher renard ! C'est toujours au fond qu'on lèche le meilleur. Je voudrais tant qu'on m'appelât moi aussi pour être compère, moi qui dois traverser l'hiver à me lécher la patte.

Le renard s'en alla et ne reparut plus devant la grotte. L'hiver passa et au printemps l'ours sortit et alla dans sa cache chercher son plat plein de beurre. Il fut fort surpris et déçu de constater qu'il était vide, le fond bien léché. Il s'en alla chez le renard et lui dit :

– L'ami renard, je pense bien que tu m'as joué un tour cet hiver lorsque tu étais appelé en compérage. Mon plat de beurre est vide. Je me souviens que tes filleuls s'appelaient Commencé, Moitié et Fond-léché. Alors, j'ai décidé d'être compère à mon tour. Et je vais de suite te... commencer !

– Ah ! mon bon ours, gémit le renard, ne me dévore pas pendant que tu es si fâché. Couche-toi à côté de moi et demain matin, celui qui aura du beurre au derrière sera celui qui l'aura mangé.

L'ours, qui adorait dormir, se laissa convaincre ; il se coucha auprès de son rusé voisin et s'endormit. Pendant qu'il dormait, le renard lui recouvrit le derrière d'une épaisse couche de beurre frais qu'il était allé voler ailleurs la veille. Quand il s'éveilla, l'ours sentit bien qu'il avait le derrière bien beurré.

– Que je suis bête ! s'écria l'ours. J'ai dû moi-même écraser ma motte de beurre pendant que j'étais à moitié endormi cet hiver ! C'est pour ça que le plat est vide.

Le renard convint qu'il en était ainsi.

– Ce n'est pas grave ! dit-il à l'ours, maintenant tu peux te lécher la patte !

Et depuis ce jour, le renard continue à jouer des tours et l'ours, lui, lèche sa patte tout l'hiver en dormant. Et moi, on m'a envoyée ici vous dire que le petit renard est bien plus fin que l'ours.

Pacaud, chien fidèle

Le loup-garou était autrefois dans les campagnes une superstition très répandue. Dès qu'un mécréant n'avait pas fait ses pâques, pendant sept ans de suite, il était aussitôt transformé par le diable en bête, parfois en loup, parfois en chien et même quelquefois en cochon. Si on lui tirait du sang, l'être humain ainsi métamorphosé reprenait sa forme humaine.

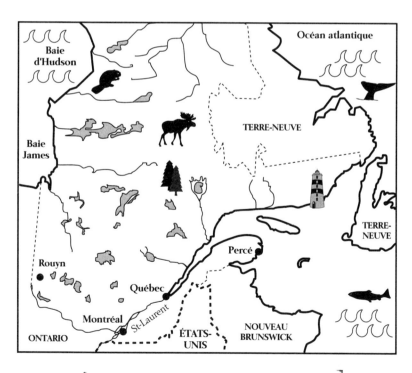

*I*l était une fois deux voisins. L'un s'appelait Doyon, l'autre Paradis. Le fils de Paradis était un bon à rien. Il travaillait quand ça lui chantait, il buvait beaucoup et avec ça, il ne fréquentait pas l'église. Mais ses parents l'aimaient bien malgré ses défauts.

Un beau jour, il disparut. Ses parents le cherchèrent partout, dans les auberges du canton, dans les sentiers le long de la forêt, au cas où il y serait endormi en train de cuver son vin. Ils ne le trouvèrent nulle part. Madame Paradis alla trouver sa voisine, madame Doyon.

– Mon fils a disparu, annonça-t-elle, inquiète. Vous ne l'auriez pas vu ?

– Pas depuis un bout de temps, répondit madame Doyon. Où donc était-il parti ?

– Je n'en sais rien, tout ce que je sais c'est qu'il portait ses vêtements de semaine. Pauvre Édouard ! soupira sa mère en imaginant le fils noyé ou roulé dans un fossé.

Le père Paradis arpenta tous les villages voisins à la recherche de son fils. Personne ne savait où il était allé ; personne ne l'avait vu passer. À la fin, les époux se résignèrent et pleurèrent la mort d'Édouard, leur seul fils. Le père trimait dur, car tout le travail de la ferme lui restait sur les bras.

Chez les voisins, un soir d'hiver, arriva un gros chien brun. Il restait au bord de la porte, observant Ferdinand Doyon tandis qu'il trayait les vaches dans l'étable. Quand il sortit, il s'élança vers lui, lui lécha les mains et lui fit une joie en le suivant. L'homme entra et dit à sa femme :

– Regarde donc le beau chien brun. Je ne l'ai jamais vu par ici...

– Il est bien beau. Il est peut-être perdu. Si on le gardait, ça nous ferait de la compagnie ? dit sa femme.

– C'est bon, gardons-le. Mais si on le réclame, il faudra le rendre.

– Pas de problème, déclara sa femme. Faut pas le faire coucher dehors, cette nuit, il fait trop froid !

Et les époux Doyon firent entrer le chien qui s'installa tout près du poêle dans la cuisine.

Le chien brun menait sa vie de chien. Il était doux et affectueux et il faisait un bon gardien. Si des intrus approchaient, il jappait aussitôt. Il allait chercher les vaches au clos et les ramenait à l'étable. Les Doyon étaient enchantés de leur chien, que personne n'avait jamais réclamé. Au bout de quelques années, ils le considérèrent comme faisant partie de la famille. Ils lui avaient donné un nom, ce fut Pacaud.

Pacaud passait ses journées à suivre Ferdinand ou Célestine Doyon dans leurs tâches sur la ferme. Le soir, au souper, Pacaud s'approchait de la table et ils lui donnaient une bouchée de temps en temps. Puis, il devint encore plus fami-

131

lier, allant jusqu'à mettre sa patte sur le bord de la table pour qu'on pensât à lui.

Ferdinand Doyon trouvait qu'il exagérait. Il le gronda et le renvoya en disant :

– Couche, Pacaud !

Mais Pacaud recommençait. Une bonne fois, le père Doyon se fâcha et lui donna un coup de couteau sur la patte sans vouloir le blesser. Pacaud, tout piteux, s'en alla. Et les Doyon continuèrent à souper en paix.

Tout à coup, la mère Célestine se retourna vers le poêle et elle aperçut Édouard, le fils du voisin, dans ses vêtements de semaine qui se chauffait le dos. Le cœur lui manqua. Elle se leva d'un bond, renversant sa chaise et murmura :

– Édouard ! C'est toi, tu es de retour ?

– Oui, c'est moi, fit le garçon.

– D'où viens-tu donc ? demanda le père Doyon.

– Je ne viens pas de loin, dit-il. C'est moi qui étais... Pacaud. Vous m'avez délivré tout à l'heure en me donnant un coup de couteau sur la patte.

Les époux n'en revenaient pas. Ils avaient hébergé un loup-garou toutes ces années !

Avec un mélange de frayeur et de soulagement, Célestine dit :

– Tu étais un si bon chien... tellement fidèle !

– Merci de m'avoir délivré, dit Édouard à Ferdinand Doyon.

– Maintenant, dit Ferdinand Doyon, tu ferais mieux de retourner chez les tiens. Ils ont eu bien du chagrin de ta disparition.

Édouard retourna chez ses parents qui l'accueillirent avec émotion. On raconta son histoire dans le canton.

Édouard n'allait plus jamais se soûler dans les auberges et il ne manqua pas d'aller à la messe tous les dimanches.

Il acheta un chien noir à ses parents qu'ils appelèrent Pacaud.

Martineau-pain-sec

*Conte populaire recueilli en Beauce, où l'on
retrouve le personnage de Martineau le Futé
qui, grâce à son astuce, vient à bout d'une licorne
féroce et de trois géants.*

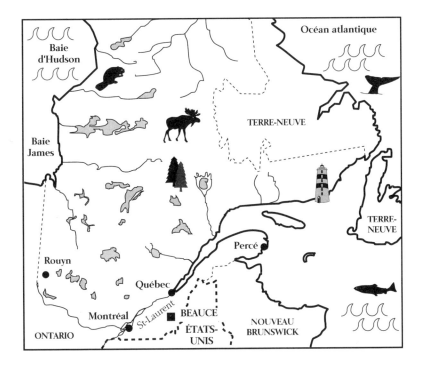

*I*l était une fois un jeune garçon nommé Martineau qui était plutôt paresseux. Et en plus il avait toujours faim, ce qui fait qu'il coûtait cher à nourrir. Son père trouvait que le temps était venu pour lui de quitter la maison pour aller gagner sa vie de par le monde.

– Martineau, mon fils, tu as une vie à faire ailleurs qu'ici. Va.

– Mon père, je veux bien mais, je vous en prie, donnez-moi quelque chose avant mon départ.

Le père lui remit un pain sec, une bouteille de lait et cinq sous.

– Voilà, dit-il, tu as tout ce qu'il te faut.

Le fils quitta le foyer à pied. Il marcha longtemps. On était en plein été et le soleil chauffait fort. Martineau était couvert de sueur et épuisé de fatigue. Vint un moment où il choisit un arbre dans un pré et s'assit dessous, à l'ombre. Il sortit le pain et le lait de sa besace mais, tandis qu'il mangeait, les mouches ne cessaient de tourner autour de lui.

– Laissez-moi la paix, leur cria Martineau. Quand j'aurai fini, je vous donnerai votre part.

Quand il eut fini il émietta son pain qu'il trempa de lait et dit :

– Voilà, les mouches, venez vous régaler !

Les mouches s'abattirent d'un seul coup sur le pain et Martineau en tua mille d'un seul geste et cinq cents du revers de la main.

Fier de lui, il se remit en route car une petite idée lui trottait dans la tête. Il arriva dans un village où il trouva un peintre, le paya cinq sous pour qu'il lui fasse un écriteau sur lequel il fit écrire : « Martineau-pain-sec en a tué mille d'un coup de main et cinq cents du revers. »

Il s'en alla au bord du chemin, y planta son écriteau, se coucha tout à côté et s'endormit. Le roi vint à passer par là et lut l'écriteau.

« Martineau-pain-sec en a tué mille d'un coup de main et cinq cents du revers. » Il dit à son cocher :

– Va donc réveiller le dormeur.

– Aller le réveiller ? s'enquit le cocher. Pour me faire tuer ?

– Réveille-le poliment, fit le roi.

Le cocher s'approcha avec précaution et réveilla Martineau qui demanda en se levant :

– Que me voulez-vous ?

– Monsieur le roi veut vous parler, dit le cocher.

Martineau-pain-sec s'approcha du carrosse et le roi lui dit :

– Est-il vrai, monsieur Martineau, que vous en tuez mille d'un coup de main et cinq cents du revers ?

– Sur ma parole, oui ! répondit Martineau.

– Voulez-vous vous engager à mon service ? dit le roi.

137

– Oui, monsieur le roi, répondit Martineau-pain-sec.

– Dans ma forêt, continua le roi, il y a une bête féroce et trois géants qui ravagent le pays. Pourriez-vous les détruire ?

– Une bête féroce ? s'enquit Martineau.

– Oui, c'est une licorne.

– Et les trois géants ?

– Ce sont les plus terribles de la Terre, expliqua le roi. Martineau dit :

– Je pense bien pouvoir vous en débarrasser. Donnez-moi de quoi me nourrir une journée entière.

Le roi lui donna un panier rempli de mets délicieux et Martineau, plein d'enthousiasme, partit à pied sur le sentier qui menait à la forêt du roi. Il arriva bientôt devant une grosse épinette près de laquelle les géants se tenaient d'ordinaire. Martineau ramassa trois cailloux qu'il mit dans sa poche et il grimpa dans l'arbre pour se cacher. Il attendit.

Tout à coup, un géant se présenta, portant sur ses épaules un gros merisier entier avec branches et racines qu'il jeta sur le sol, ce qui fit trembler le grand arbre dans lequel Martineau était juché.

Un deuxième géant apparut avec un tonneau rempli d'eau sur chaque bras. Un troisième apporta un grand chaudron et un bœuf mort qu'il jeta, lui aussi, par terre. Ping ! Pang !

« Ce sont de véritables monstres », pensa Martineau en les regardant agir. Le premier géant fit un grand feu ; le deuxième versa l'eau dans le chaudron du troisième qui y mit son bœuf et brassa le brouet avec un gros bâton. Quand tout fut cuit à point, les géants mangèrent et ensuite, ils se couchèrent au pied de l'épinette et s'endormirent en ronflant, leurs bouches monstrueuses grandes ouvertes.

Martineau-pain-sec, se tenant au bout d'une branche, lança un caillou sur la bouche du plus jeune. Pan ! il lui cassa une dent. Le géant se réveilla en colère et gifla son voisin.

– Ça t'apprendra à me laisser dormir tranquille ! fit-il avant de se rendormir.

Martineau lança un autre caillou au deuxième géant et pan ! lui cassa deux dents. Il lança son dernier caillou au troisième géant et pan ! il lui cassa trois dents. Les trois géants se réveillèrent et se mirent à se battre croyant que l'un avait tapé l'autre. Ils arrachèrent des arbres, se battirent furieusement et s'assommèrent. À la fin, ils roulèrent par terre, à moitié morts. À ce moment précis, Martineau descendit de l'épinette et, avec son couteau, il leur trancha la gorge à tous les trois.

Martineau s'en retourna chez le roi. Le voyant arriver, celui-ci s'étonna :

– Tu es encore en vie, Martineau-pain-sec ?

– Oh ! oh ! mon roi, des petites jeunesses comme ça, je fais leur affaire en deux tours de main.

– J'ai peine à te croire, dit le roi.

– Eh bien, venez voir, dit Martineau-pain-sec en entraînant le roi le long du sentier qui menait à la forêt.

En voyant les géants la gorge tranchée le roi fut épaté mais il raconta à Martineau que ce n'était pas la fin des problèmes du royaume.

– Une licorne féroce tue tous mes gens. Elle les empale avec sa corne et ensuite, les dévore. Peux-tu m'en débarrasser ? demanda le roi à Martineau.

– J'aurais besoin de quelques provisions, dit Martineau-pain-sec qui avait grand-faim à la suite de ses exploits.

– Tout ce que tu voudras, s'écria le roi.

140

Martineau-pain-sec reçut du pain frais, du jambon et des beignets à la confiture ; bien rassasié, il reprit le sentier et marcha longtemps. Arrivé au bout, il se demanda où se cachait la méchante licorne. Et il la vit soudain près des murs d'une vieille église en ruine. Martineau n'eut que le temps de se retourner que déjà elle filait droit sur lui. Vite il se cacha derrière la porte en bois qui tenait encore debout. Avant que la licorne pût arrêter son élan, il sortit et referma la porte derrière lui. La licorne enfonça sa corne dans la porte et se retrouva prisonnière. Elle avait beau se morfondre de rage et de fureur, donner des coups de sabot, elle ne put se dégager. Martineau monta dans le clocher pour examiner son fait et se frotta les mains.

Il reprit le chemin du château du roi.

– Tu es encore en vie Martineau ? s'écria le roi en le voyant venir.

Martineau-pain-sec raconta au roi comment il avait réduit la méchante licorne à l'impuissance. Ils grimpèrent tous deux dans le clocher pour la voir qui se morfondait et se tordait. Elle finit par rendre l'âme et depuis ce jour, la vie coula douce et tranquille. Martineau veilla à la sécurité de tous les habitants du royaume et il ne manqua jamais de nourriture car le roi lui fournit, toute sa vie durant, une table bien garnie. Ainsi fut la vie de Martineau-pain-sec.

141

Le Premier Été sur la toundra

Chez les Amérindiens, l'éducation était basée sur les récits mythiques que transmettaient oralement les anciens. Ce récit des oiseaux à l'origine des saisons a plusieurs variantes et des récits très proches ont été racontés chez les Cris et les Naskapis. Pour les Montagnais, ce récit est un tahadjimunn, une histoire qui raconte des événements survenus avant même que l'humanité existe dans sa forme actuelle.

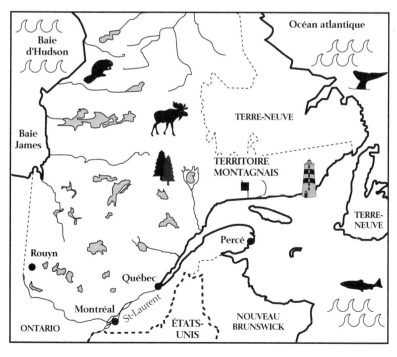

Au commencement du monde, le Grand Nord ne connaissait pas l'été. L'hiver durait toute l'année.

Un jour, le vent qui voyageait beaucoup raconta aux animaux qu'il avait vu l'été.

– Loin d'ici, vers le sud, raconta-t-il, l'air est doux et chaud. Le soleil brille dans le ciel. Le sol est couvert de plantes de toutes sortes.

Les animaux de la toundra furent bien étonnés d'entendre les paroles du vent. Ils se mirent à penser de plus en plus souvent à l'été.

– Nous sommes fatigués du froid, de la neige et de la glace, dirent-ils enfin. Vent voyageur, dis-nous pourquoi l'été ne vient pas jusqu'ici ?

Mais le vent ne répondait pas.

Finalement, harcelé de questions, le vent finit par leur révéler son secret :

– Ce sont les fauvettes qui apportent l'été, dit-il. Un méchant manitou les a attrapées ; il les a ligotées ensemble et

les a suspendues dans son wigwam[1]. Il les surveille sans répit de sorte qu'il leur est impossible de s'évader. C'est pour cette raison qu'elles ne peuvent venir porter l'été jusqu'ici.

Les animaux indignés réfléchirent à ces paroles :

– Il faut trouver le wigwam du méchant manitou ! cria le caribou.

– Allons délivrer les fauvettes ! dit le lièvre.

– J'y vais, déclara Thacho, le pécan[2].

Et il partit aussitôt dans la direction indiquée par le vent.

Thacho marcha plusieurs jours et plusieurs nuits à travers les grandes étendues couvertes de neige de la toundra. Puis, il arriva à un endroit où la neige fondue laissait voir des plaques de terre et de mousse. Il leva la tête et vit le soleil qui brillait dans le ciel. Un peu plus loin, il vit de grands arbres qui agitaient leurs branches feuillues et des champs couverts de fleurs. Il entendit mille chants d'oiseaux tout autour de lui. « Ce doit être ici le pays de l'été », pensa Thacho.

Il se mit à chercher le wigwam du méchant manitou avec l'intention bien arrêtée de relâcher les fauvettes d'été.

Après avoir franchi des forêts et des champs de plus en plus verdoyants, il découvrit, à la tombée du jour, un vaste wigwam décoré de grands dessins rouges. Sans attendre, Thacho se glissa à l'intérieur et constata qu'il n'y avait personne sauf... un gros paquet suspendu aux piquets du toit.

Sans perdre un instant, il coupa avec ses dents pointues les liens qui retenaient les oiseaux captifs. Et dans un grand bruissement d'ailes, les fauvettes libérées s'envolèrent aussitôt dans le ciel. Thacho se rendit compte qu'elles se dirigeaient vers le nord.

145

---

1. Wigwam : habitat traditionnel de certains Amérindiens.
2. Pécan : martre.

« Enfin, pensa-t-il, elles s'en vont chez nous ! »

Il se mit à sauter et à gambader de joie quand surgit le méchant manitou.

Il ne fallut pas longtemps à ce dernier pour comprendre ce qui s'était passé, car les fauvettes dessinaient un nuage mouvant dans le ciel au-dessus de sa tête et leurs cris égayaient le silence du soir.

Fou de rage, le manitou s'élança après Thacho qui avait filé sans attendre.

Une poursuite échevelée s'ensuivit. Thacho courait de toutes ses forces à travers les bois et les champs, le méchant manitou sur ses talons. Mais tout le monde sait que Thacho est imbattable à la course. Le manitou, voyant qu'il n'allait pas le rattraper, sortit une flèche de son carquois et tira dans sa direction.

Il lança plusieurs flèches sans l'atteindre. Puis, enfin, une de ses flèches transperça la queue de Thacho. Thacho sauta d'un bond dans le ciel vers le monde d'en haut.

La lune qui avait tout vu décida de garder Thacho, le brave, avec elle, dans le monde d'en haut. Elle le transforma sur-le-champ en étoile. Thacho resta donc avec la lune, sa queue transpercée d'une flèche.

Aujourd'hui, quand les hommes voient briller l'étoile du nord, ils disent :

– Regardez, c'est le pécan, Thacho : c'est lui qui a libéré les fauvettes d'été. C'est grâce à lui que nous connaissons l'été dans la toundra.

Ti-Jean Ratoureux

Encore une fois, voici notre Ti-Jean lancé dans un aventure bien périlleuse... Un terrible géant terrorise le royaume, Ti-Jean réussira-t-il à le vaincre, grâce à son ingéniosité légendaire ?

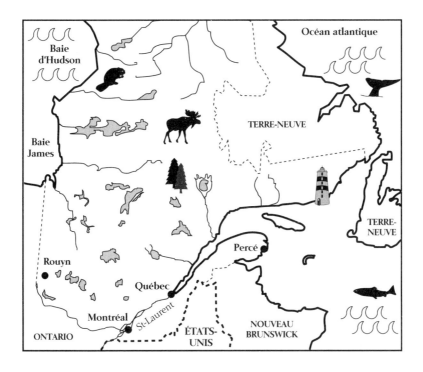

*L*a nouvelle s'était répandue dans les alentours que le roi avait bien du mal à trouver quelqu'un pour garder ses troupeaux. Ti-Jean Ratoureux dit à son père :

– Je vais aller me faire engager chez le roi. Je suis assez grand, je suis sûr que je serai capable.

Ses parents le laissèrent partir car ils étaient bien pauvres et avaient plusieurs autres enfants à charge.

Ti-Jean Ratoureux se mit en marche avec un petit paquet de hardes et un croûton. Il finit par arriver chez le roi.

– Sire, lui dit-il, on dit que vous avez besoin d'un engagé pour garder vos troupeaux ? Me voici !

– Tu me sembles bien jeune et bien petit, dit le roi, car le travail est risqué... il y a un géant qui est venu s'établir dans mon domaine. Il tue mes engagés, il s'empare de mes bêtes et les mange.

– C'est bien effrayant !

– J'ai envoyé mes gens d'armes, des troupes entières, mais personne ne réussit à capturer le géant. Si ça continue, je n'aurai plus de troupeau... continua le roi.

– Ah ! dit Ti-Jean Ratoureux, ne vous en faites pas. Je pense que j'y arriverai, moi. J'ai bien hâte de rencontrer votre géant.

– Bon ! alors, demain, tu iras garder mes troupeaux.

Le reste de la journée, Ti-Jean s'occupa à visiter les terres du roi avec ses gens. Ils lui firent voir le précipice et le petit chemin tournant par où passait le géant. Ti-Jean prit bonne note de tout ce qu'il voyait et alla se coucher.

Le lendemain, de très bonne heure, il se munit d'un câble, d'une grosse tarière utile pour faire des trous larges et profonds et de six œufs cuits durs pour son repas. Dès qu'il fut arrivé dans la prairie où paissaient les troupeaux du roi, il se rendit au bord du précipice par où passait le géant. Il attacha son câble à un arbre tout près et le dissimula dans l'herbe tout autour du précipice de manière à ce qu'il fût invisible. Puis, il choisit un gros pin et, avec sa tarière, il perça trois trous dans son écorce, un premier de cinq centimètres, un deuxième de huit centimètres et un dernier de quinze centimètres de profondeur. Puis il replaça l'écorce si bien qu'on n'y voyait rien.

149

Il monta dans le gros pin et s'assit confortablement sur une haute branche pour attendre la venue du géant. Il n'eut pas à attendre longtemps. Bientôt une tête émergea du trou et le géant apparut. Il s'avança du côté de l'arbre en reniflant.

– Hum ! hum ! Il y a une petite odeur de chair fraîche ici, s'écria-t-il en levant les yeux.

Il aperçut Ti-Jean Ratoureux dans l'arbre.

– Tiens ! tiens, voilà un nouveau. Descends donc de ta branche pour que je fasse ta connaissance.

Ti-Jean était passablement ému à la vue du géant mais il se ressaisit et calma sa voix pour répondre :

– Ma connaissance, mon géant, tu la feras assez vite. Pour le moment, je suis occupé à prendre mon repas ; quand j'aurai fini je descendrai. Assieds-toi au pied de l'arbre et attends.

Et Ti-Jean prit un œuf et se mit tranquillement à le manger comme si de rien n'était. Le géant, surpris de la réplique hardie du garçon, lui demanda :

– Qu'est-ce que tu manges là ? Ça sent bon ! Donne-m'en donc un peu, ça me fera passer le temps d'attente.

Ti-Jean, qui s'était muni de cailloux ronds comme des œufs avant de grimper, lui en lança un sur la tête en disant :

– Tiens ! Mange celui-là, mais n'en demande pas trop ; j'ai juste ce qu'il faut pour mon repas.

Le caillou vint frapper le géant sur un œil. Ouille ! Il se frotta, le ramassa et voulut croquer dedans et se cassa une dent.

– Hé ! l'ami ! qu'est-ce que tu m'as envoyé là ? C'est bien dur !

– Ce n'est pas dur du tout ! s'écria Ti-Jean en mordant dans un autre œuf.

– Donne-m'en donc un autre, dit le géant.

Ti-Jean prit un autre caillou dans sa poche et le lança sur le géant qui le reçut dans l'autre œil. Très agacé, il se frotta l'œil, ramassa le caillou et en le croquant se cassa deux autres dents.

– Tes œufs sont trop durs. Je ne les veux pas. Si tu descendais... ça ferait mieux mon affaire, dit le géant, que de me casser les dents sur tes œufs.

– Pour me croquer, moi ? lança Ti-Jean.

– C'est ça !

– Ah ! Tu n'es même pas capable de manger les œufs que je te donne ! Tu as pu faire peur à d'autres que moi mais attends ! J'achève de manger et je vais descendre. D'abord on va faire un marché, poursuivit Ti-Jean. On va aller frapper à poings nus sur l'arbre qui est là devant. Si tu enfonces ton poing plus profondément que moi dans le corps de l'arbre, tu pourras me manger. Mais si c'est moi qui enfonce le poing le plus avant, ce sera le signe que je suis le plus fort et tu déguerpiras pour ne plus jamais revenir.

Le géant qui croyait à une victoire facile s'écria :

– C'est d'accord ! Alors, descends, descends petit vermisseau !

Ti-Jean Ratoureux descendit du gros pin et se dirigea en compagnie du géant vers le gros arbre qu'il avait percé à l'aide de sa tarière. Il se plaça devant l'endroit où il avait percé ses trous et plaça le géant du côté opposé.

151

– Attention ! cria Ti-Jean. Je frappe le premier !

Il frappa avec son poing et enfonça de cinq centimètres. Le géant, fort surpris de ce résultat, frappa à son tour mais il ne fit qu'aplatir l'écorce, se déchirant le poing qui se mit à saigner abondamment.

– Est-ce tout ce que tu peux faire ? demanda Ti-Jean. Regarde-moi donc !

Il frappa de nouveau et enfonça son poing de huit centimètres. Le géant, de plus en plus surpris de la facilité avec laquelle Ti-Jean enfonçait son poing dans l'arbre, s'élança de toutes ses forces. Il ne fit qu'aplatir un peu plus l'écorce et il se cassa le bras tandis que son poing n'était plus qu'un morceau de chair meurtrie ensanglantée. Il se tordit dans un cri de rage et de douleur.

Ti-Jean, le voyant ainsi éclopé, se mit à rire de plus belle.

– Pour un fanfaron comme toi, ce n'est pas trop mal !

Et il frappa encore, enfonçant son poing de quinze centimètres dans l'écorce.

– Ti-Jean, tu es le plus fort, dit le géant. Je vais m'en aller d'ici.

Il partit par le chemin du précipice par lequel il était venu.

– Tu fais bien de ne plus reparaître car, sinon, je te passerai mon poing au travers du corps, dit Ti-Jean en guise de salut.

Ti-Jean suivit le géant jusqu'au précipice. Comme il s'apprêtait à y descendre, le géant se retourna. À cet instant, Ti-Jean tendit le câble caché dans l'herbe. Le géant s'empêtra dedans, trébucha et alla tomber tête la première dans le fond du précipice. Jean entendit un cri, un cri terrible et ce fut le silence.

Ti-Jean comprit que le géant était mort et qu'il pouvait aller annoncer la nouvelle au roi. Mais il ne partit pas tout de suite. Il réfléchit un moment puis s'en alla dans la prairie et ramassa trois petites crottes de mouton. Il les disposa par terre, les couvrit de son chapeau qu'il maintint en place avec des petites pierres. Après ça, tête nue, il se mit en route vers le château.

Le roi et ses gens virent venir Ti-Jean et allèrent à sa rencontre pour savoir s'il avait rencontré le géant.

– Votre géant, dit Jean au roi, n'était pas si dangereux que vous le pensiez. Vos gardiens de troupeau avant moi n'étaient que des poltrons. J'en suis venu à bout facilement. Même que j'ai jeté son corps au fond du précipice et je me suis emparé de son esprit marabout que j'ai emprisonné sous mon chapeau. Demain, si vous voulez, nous irons le chercher.

153

Le roi était enchanté de ce que Ti-Jean lui disait.

– Si tu as fait tout cela, Ti-Jean, je ne puis attendre à demain ! Il me faut m'emparer tout de suite de l'esprit marabout du géant maudit, s'écria-t-il.

Comme le soir tombait, il donna l'ordre à ses gens de préparer des flambeaux et l'on partit en procession chantant et criant : « Hourra pour Ti-Jean Ratoureux ! Victoire ! Hourra ! » Le roi ouvrait la marche ; tout le monde avait hâte de voir l'esprit marabout du géant.

En chemin, Ti-Jean Ratoureux s'approcha du roi et lui glissa à l'oreille :

– Sire, j'ai peur que ces cris et ce bruit ne fassent peur à l'esprit marabout et qu'il ne s'échappe.

– L'as-tu bien emprisonné ? demanda le roi.

– Oui, dit Ti-Jean, mais ce n'est qu'un chapeau qui le recouvre et il pourrait s'échapper par le moindre petit trou.

– Tant pis, dit le roi, de savoir que nous sommes débarrassés du géant me comble d'aise au point que j'ai envie de crier encore plus fort que mes gens !

Et les cris et les chants redoublèrent. Comme on approchait de la prairie, Ti-Jean répéta sa recommandation au roi de cesser de faire du bruit. Mais celui-ci ne voulait pas l'écouter.

– Laisse-nous nous divertir à notre manière, dit le roi.

– Tant pis, répliqua Ti-Jean, je ne suis pas responsable de ce qui pourrait se passer.

En arrivant, le roi fit poster ses troupes et ses serviteurs en cercle et lui-même s'avança vers le chapeau.

– Soyez vif en soulevant mon chapeau, dit Ti-Jean, car, s'il n'est pas déjà parti, l'esprit marabout doit être joliment réveillé et il sera difficile à saisir.

Le roi suivit les conseils de Ti-Jean. Il souleva le chapeau et enfonça promptement une main pour la retirer aussitôt. Il y avait dedans trois petites crottes de mouton. Avant qu'il réagisse, Ti-Jean cria :

– Je vous avais averti de ne pas faire tant de bruit ! L'esprit marabout a eu peur et s'est enfui.

Le roi et ses gens étaient si contents de la disparition du géant qu'ils reformèrent une procession et rentrèrent au château en chantant plus fort que jamais. Ti-Jean Ratoureux fut fêté comme un sauveur et le roi lui donna une partie de ses terres et la main de la plus jeune des princesses qui était, bien sûr, la plus jolie.

155

Morvette

*On connaît bien l'histoire du petit poisson d'or
qui comble les désirs du pêcheur. Mais comment
être à la hauteur quand on a toujours la morve
au nez et qu'on se mouche dans ses doigts ?
Notre héros réussira-t-il, malgré sa sale mine,
à gagner le cœur de la princesse ?*

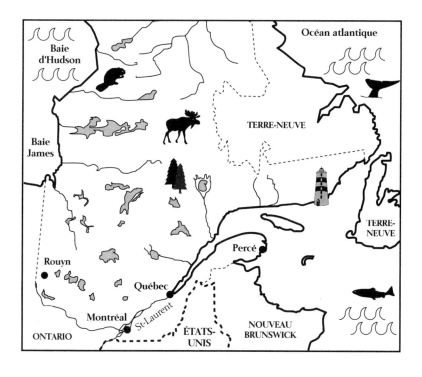

Un couple avait un seul fils. Depuis son enfance, ce petit avait la morve au nez. Il passait son temps à se moucher avec ses doigts. Alors, ses parents l'avaient appelé Morvette. La famille était pauvre, le père était pêcheur et il gagnait sa vie avec peine. Un jour qu'il partait à la pêche, Morvette lui dit :

– Vous me promettez depuis longtemps de m'emmener avec vous. Aujourd'hui, je viens à la pêche.

– Jamais de la vie ! s'écria le père, malpropre comme tu es, tu ferais peur aux poissons.

Morvette se mit à pleurer et à se moucher de plus belle. Sa mère dit à son mari :

– Voyons, emmène-le donc ! Il est assez grand pour travailler et il doit apprendre, car qui nous fera vivre quand nous serons vieux ?

L'argument porta et le père se décida à emmener Morvette. Ils allèrent au quai et le père choisit une barque pour lui et une autre pour son fils, qu'il fit s'éloigner au large.

– Débrouille-toi, lui dit-il.

Pauvre Morvette se sentait bien seul, loin sur la mer au milieu des vagues et des goélands. Il mit sa ligne à l'eau mais rien ne mordait à l'hameçon. Il commença à s'ennuyer sérieusement. Tout à coup, à sa grande surprise, sa ligne fut prise. Il tira de toutes ses forces et vit apparaître hors de l'eau un beau petit poisson d'or. Et sa surprise redoubla quand le petit poisson d'or se mit à parler.

– Mon bon petit Morvette, jette-moi à l'eau d'où je viens et tu seras comblé.

– Tu es bien trop beau ! s'écria Morvette. Tu t'es laissé prendre, je te garde.

– Mon bon Morvette, je suis le génie de l'eau. Laisse-moi retourner d'où je viens et tu auras tout ce que tu souhaiteras, dit le petit poisson.

En entendant ces mots, Morvette hésita un moment puis prit le petit poisson d'or et le rejeta à l'eau. Il se remit à pêcher. Rien ne mordait à sa ligne alors il dit à voix haute :

– Petit poisson d'or, si ce que tu m'as dit est vrai, je veux que tu remplisses ma barque de poissons.

Il n'avait pas fini de parler que la barque était pleine jusqu'au bord de poissons brillants et frétillants. Morvette cria à son père qui s'était rapproché de venir l'aider. Quand celui-ci arriva, il fut bien étonné de voir à quel point Morvette s'était bien débrouillé. Il prit une partie des prises dans sa barque et père et fils repartirent vers la rive, contents de leur journée.

Arrivés chez eux, le père dit :

– Morvette, on a tellement de poissons que tu vas prendre les deux plus beaux et tu vas aller les porter au roi en cadeau de ma part.

159

Morvette partit avec deux beaux poissons soigneusement enveloppés. Arrivé au château, il frappa à la grande porte et la princesse vint ouvrir et demanda :

– Où donc as-tu pêché ces beaux poissons ?

– Dans la mer, répondit Morvette ; et je peux avoir tout ce que je veux.

– Vraiment, dit la princesse amusée. Comment t'appelles-tu, petit ?

– Mon nom est Morvette, pour vous servir.

– Tu as un beau nom, dit la princesse en éclatant de rire.

Et elle rit de plus belle. Mais Morvette n'était pas content. Il cria :

– Ah ! vous riez de moi, mais par la vertu de mon petit poisson d'or vous le regretterez, car avant longtemps vous aurez de mes nouvelles !

Et il quitta les abords du château.

Quelque temps plus tard, les gens du château furent dans la consternation car la princesse donna le jour à un enfant, un beau petit garçon. Comme la princesse elle-même ne pouvait expliquer la chose à ses parents, le roi résolut de consulter une fée. La fée dit au roi que pour retrouver le père de l'enfant il fallait donner au petiot une boule d'or et tous les hommes du royaume devaient venir défiler devant lui. Celui à qui le petiot présenterait la boule d'or était son père.

Le roi fit donc proclamer par tout son royaume que tous les hommes devaient se présenter au château et qu'à défaut de le faire, ils seraient mis à mort. Le jour fixé arriva et le père de Morvette se préparait à partir quand Morvette dit :

– Moi aussi, je veux aller au château comme les autres.

– Tu peux bien venir mais malpropre comme tu es, tu te tiendras derrière la porte, car le roi pourrait bien te chasser.

160

Le père et Morvette suivirent la foule. Le père entra et Morvette se cacha derrière la porte. À la grande surprise de tous, le petiot se leva du berceau, se mit à marcher et présenta sa boule d'or à Morvette caché derrière la porte.

En apercevant Morvette qui se mouchait dans ses doigts, le roi entra dans une grande colère et donna l'ordre à ses gens de prendre Morvette, la princesse et le petiot et de les mettre dans un canot pour les abandonner à leur sort au milieu de la mer. Ce qui fut fait.

Au bout de quelques heures, l'enfant eut faim et les parents aussi. La princesse dit à Morvette :

– Tu t'es vanté de pouvoir avoir tout ce que tu veux ; peux-tu avoir de la bouillie pour ton petiot ?

Morvette demanda de la bouillie et une fricassée au petit poisson d'or et il obtint les mets désirés. Quand ils eurent mangé, la princesse dit :

– Puisque tu peux tout obtenir, pourquoi ne pas demander un beau château voisin de chez mon père ?

Morvette invoqua encore le petit poisson d'or et ils furent transportés dans un magnifique château encore plus beau que celui du roi. Au matin, quand le roi regarda par la fenêtre il vit le château voisin du sien, il envoya ses serviteurs demander qui habitait cette riche demeure et fut fort surpris d'apprendre que c'était Morvette avec sa fille et leur fils.

Un peu de temps passa puis la princesse dit à Morvette :

– Puisque tu peux tout obtenir de ton petit poisson d'or, pourquoi ne demandes-tu pas de ne plus avoir de morve au nez ?

Morvette était si habitué à se moucher qu'il n'y avait pas pensé. Il invoqua de nouveau le petit poisson d'or et l'envie de se moucher disparut aussitôt. Il avait le nez bien sec. Si bien

161

que lorsqu'il se présenta au château du roi, il était un jeune homme fort présentable.

Le roi fut enchanté et l'accepta comme mari pour sa fille. Il lui donna son nom et fit de lui son héritier. Mais plutôt que de l'appeler Gontran, qui était un nom fort respectable, la princesse continua de l'appeler Morvette. Le petit poisson d'or ne cessa jamais d'accéder aux désirs de Morvette pour le récompenser de l'avoir retourné à la mer.

Et c'est ainsi que Morvette vécut heureux avec sa femme et ses nombreux enfants, dont aucun n'hérita de la manie de se moucher continuellement.

POSTFACE

Le Québec a pris naissance au XVIIe siècle quand les explorateurs, les militaires, les colons et les missionnaires en ont fait la Nouvelle-France, en terre d'Amérique. De nombreuses nations autochtones vivaient déjà dans ces vastes étendues boisées, parsemées de lacs et de rivières. C'est pourquoi les contes dits « traditionnels » du Québec proviennent, pour une part, de diverses provinces de France et, d'autre part, des peuples amérindiens. Ces contes ont voyagé dans tous les coins du pays où les guerres, le commerce des fourrures, le défrichage ou l'abattage des arbres ont rassemblé des gens. Au siècle dernier, dans les lieux isolés, comme les camps de bûcherons, ou dans les villages semés au bord du fleuve, la parole du conteur était souvent, avec le son du violon, le seul divertissement.

163

Au fil des ans, les contes « de la mère patrie » se sont enrichis, transformés, adaptés aux nouvelles réalités quotidiennes et les peuples autochtones ont, petit à petit, livré aux Blancs leurs trésors, c'est-à-dire des récits et des légendes renfermant les clés de leur culture et toute la richesse de leurs croyances.

Tous ces contes en ont fait du chemin en 350 ans ! Si nous les retrouvons aujourd'hui, c'est grâce à certains passionnés − folkloristes avant la lettre − qui se sont acharnés à les transcrire pour les conserver. Ainsi Philippe-Aubert de Gaspé, Louis Fréchette, Honoré

Beaugrand, entre autres, ont publié dans les journaux et les almanachs bon nombre de ces contes, à la fin du XIXe siècle.

À cette même époque, les Canadiens-Français émigrèrent vers d'autres provinces du Canada et, en très grand nombre, aux États-Unis d'Amérique. On retrouve encore dans ces lieux où ne subsiste souvent presque rien de la culture française, des variantes étonnantes de contes qui sont devenus chez nous des classiques.

Dès 1914, une poignée d'experts, dont les plus célèbres sont, sans conteste, Marius Barbeau et Édouard-Zotique Massicotte, se mirent à recueillir des contes et des chansons dans les campagnes du Québec. Ensuite vinrent d'autres chercheurs qui suivirent leurs traces, comme Luc Lacourcière, Gustave Lanctôt et Carmen Roy. Aujourd'hui, dans les universités, on se penche très sérieusement sur la tradition orale, comme au Centre d'études sur la langue, les arts et les traditions populaires des francophones d'Amérique du Nord (université Laval) où de nombreux spécialistes, professeurs et étudiants, continuent le travail d'inventaire et de conservation.

J'ai beaucoup fréquenté les archives et les vieux bouquins. Je me suis amusée à retracer des versions moins connues de contes classiques, comme ce conte de loup-garou, Pacaud chien fidèle, où un jeune homme est transformé non pas en loup mais en chien. Dans certaines régions, on trouve même des sacripants transformés en cochons !

Mais comment choisir parmi toutes les versions transcrites, les unes plus savoureuses que les autres ?

Doit-on considérer la première version écrite comme la seule vraie ? Je me suis maintes fois posé la question : que fait — et que faisait — le conteur devant son auditoire ? Il adapte son récit au public, aux circonstances, insérant parfois dans la trame des noms et des péripéties locales. Je me suis dit que je devais faire de même en les écrivant.

Chaque région, chaque groupe autochtone a aujourd'hui un bulletin publié par sa société d'histoire, une publication où les contes, les chansons et les dictons sont inventoriés et catalogués et ainsi préservés de l'oubli. Pour les contes traditionnels, mes sources les plus riches ont été le Journal américain de folklore, les Archives de folklore de l'université Laval, la série Les vieux m'ont conté et le Bulletin de recherches historiques. J'ai aussi consulté de nombreux ouvrages comme Masques et fantômes de Louis Fréchette, Forestiers et voyageurs de Joseph-Charles Taché, Contes vrais de Pamphile Lemay, La Chasse-galerie de Honoré Beaugrand, Les Légendes canadiennes de Charles-Edmond Rouleau et plusieurs recueils de contes anciens publiés sous les soins de Guy Boulizon chez Beauchemin et d'Aurélien Boivin et Maurice Lemire chez Fides.

Je côtoie les contes, les chansons, les comptines traditionnelles depuis ma petite enfance. Ils n'ont jamais quitté ma mémoire. J'ai eu la chance de rencontrer des gens qui redonnaient vie aux vieilles histoires en les racontant ; d'autres me les ont fait lire ; j'ai sillonné les campagnes avec des chercheurs et des amoureux des vieilles traditions paysannes. C'est ainsi que s'est forgé en moi un profond respect pour la parole toute simple et colorée des humbles et le désir de la faire connaître aux jeunes. Car l'invention, l'humour et la jubilation langagière contenus dans nos contes brossent un portrait irrésistible de ce qui caractérise la richesse du pays québécois.

Cécile Gagnon

166

TABLE DES MATIÈRES

Le Bossu de l'île d'Orléans   9

Le Plus Beau Rêve   19

Le Premier des Tamias rayés   23

La Dame blanche de Montmorency   31

Bâton tape   41

Le Petit Bonhomme de graisse   49

La Chasse-Galerie   53

Pois-Verts   63

La Princesse Merveille   73

La Femme en bois   83

La Légende du rocher de Percé   89

Kugaluk et les géants   97

La Bourse du coq   103

Le Beau Danseur   109

Marguerite et le mari jaloux   117

L'Ours et le Renard   123

Pacaud, chien fidèle   129

Martineau-pain-sec   135

Le Premier Été sur la toundra   143

Ti-Jean Ratoureux   147

Morvette   157

Postface   163

© 1998 Éditions Milan
ISBN : 2.84113.647.7

Imprimerie Hérissey Évreux
Dépôt légal : 1er trimestre 1998
N° d'impression : 79381